대바늘 손뜨개
인형 & 소품

# 대바늘 손뜨개 인형 & 소품

초판 1쇄 인쇄   2017년 3월 02일
초판 1쇄 펴냄   2017년 3월 10일

지은이 ㅣ 임소령
펴낸이 ㅣ 김동중

디자인 ㅣ design t-tree

펴낸곳 ㅣ 즐거운家
출판등록 ㅣ 2015년 7월 23일 제25100-2015-20호
주소 ㅣ 서울 중랑구 동일로 569-55 신우 101-1307
전화 ㅣ 070-7542-3673
팩스 ㅣ 02-6005-9431
전자우편 ㅣ merrydiy@naver.com

ⓒ임소령 2017
ISBN : 979-11-957114-3-7  13630

정가  15,000원

이 도서의 국립중앙도서관 출판예정도서목록(CIP)은 서지정보유통지원시스템 홈페이지
(http://seoji.nl.go.kr)와 국가자료 공동목록시스템(http://www.nl.go.kr/kolisnet)에
서 이용하실 수 있습니다. (CIP제어번호: CIP2017004706)

today Knitting

기초 뜨개로 만드는 대바늘 인형과 소품

# 대바늘 손뜨개 인형 & 소품

임소령 지음

즐거운 家

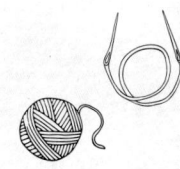

뜨개질은 비실용적인 취미 생활일 수 있다.

특히, 인형을 만든다면 더더욱 그럴 것으로 생각한다.

집 앞에 나가면 공장에서 대량으로 만든 예쁘고 저렴한 인형을 쉽게 살 수 있다.

어떻게 보면 집에서 만드는 인형이 공장에서 만든 인형보다 완성도가 낮을 것이며, 비용도 공장에서 만든 인형보다 더 발생하게 될 것이다.

굳이 많은 시간을 투자하여 실용성이 떨어지는 인형을 만드는 것은 누군가에겐 쓸데없는 일이라 할 수 있고, 한심해 보일 수도 있다. 그러나 생산적인 일은 더 이상 취미 생활이 아니다.

취미 생활에서 우리가 찾고자 하는 가치는 사람마다 조금씩 다를 수 있다. 하지만, 척박한 생활에서 힐링을 얻고 스스로에 대한 자신감과 행복을 찾을 수 있지 않을까 생각해 본다.

책 속의 인형은 사랑하는 가족을 위해 만든 것이다.

아이를 위한 애착 인형은 공장에서 만든 그 어떤 인형보다 더 큰 엄마의 사랑이 담겨 있다.

단순히 돈으로 사주는 애착 인형이 아니라 아이를 생각하며 한 코 한 코 떠가며 만든 인형은 아이가 자라 어른이 되어도 따뜻한 기억으로 남으리라고 생각한다.

종일 컴퓨터 앞에서 일해야 하는 남편을 위해 만든 마우스 손목 보호대는 단순히 손목을 보호해주는 기능만 있는 것이 아니다. 일하다가 문득 손목에 깔린 동물의 표정을 보며 한 번씩 웃을 수 있는 쉼표이다.

손으로 만드는 인형은 아무리 같은 실과 같은 도안으로 만든다고 할지라도 손길에 따라 조금씩 다르게 만들어진다.

즉, 세상에 단 하나뿐인 인형이다.

숨 돌릴 틈 없이 바쁜 요즘 사회에 니트의 따뜻함이 내 주변 사람들에게 전해지길 바란다.

2017년 3월
임소령

 contents ××××××××××××××××××××××××××××××××××××××××××××××××××××××××××××××××××××××××××××××××××××××××××××××××××××××××××××××××××

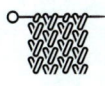

# 뜨개 도구와 실

### 울실(모사)

대바늘 뜨개 인형을 뜰 때는 주로 울실(모사)을 사용한다. 인형을 완성했을 때 촉감이 부드럽고 편물에 솜을 넣으면 모양이 자연스럽게 잡히는 장점이 있다.

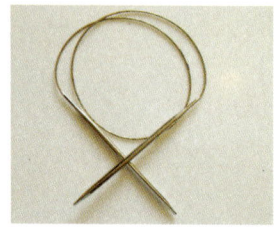

### 줄바늘

대바늘 2개 사이에 줄로 연결되어 있어 대바늘에 걸려있는 코가 빠질 염려가 적어 많이 사용한다. 실의 굵기에 따라 바늘 호수를 정한다. 본 책에는 3mm, 3.5mm, 4mm, 5mm, 25mm를 사용한다.

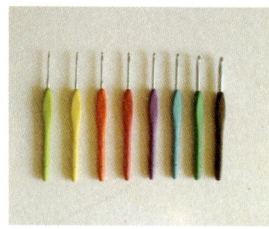

### 모사용 코바늘

편물의 코를 만들어 이어서 뜰 때 사용한다. 호수가 클수록 굵은 바늘이다. 본 책에는 5mm, 15mm를 사용한다.

### 돗바늘

실을 매듭짓거나 마무리 또는 스티치를 할 때 사용한다. 편물의 솔기를 잇거나 인형의 각각의 머리, 몸통, 팔, 다리 부위 등을 연결할 때 사용한다. 일반 바늘은 단추를 달거나 얇은 스티치를 할 때 사용한다.

### 니트핀(시침핀)

인형의 얼굴, 눈, 귀와 편물을 임시로 고정할 때 사용한다. 일반 시침핀 보다 길고, 뾰족하지 않으며 머리가 큰 뜨개용 핀을 사용하는 것이 좋다.

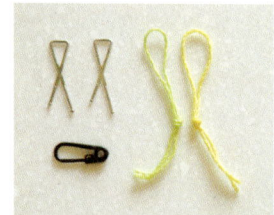

### 마커

실 색이 바뀌거나 무늬가 달라지는 코나 단을 표시할 때 사용한다. 옷핀 형태의 플라스틱 마커를 많이 사용하고 마커가 없으면 편물과 다른 색상의 실을 사용해도 좋다.

### 가위

실을 자를 때 사용한다. 가위 끝이 날카롭고 좁은 것이 좋다.

### 줄자

편물의 길이를 잴 때 사용한다.

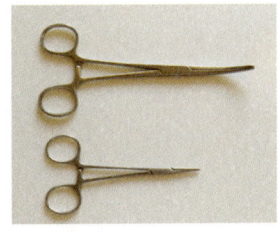

### 겸자

솜을 넣을 때 사용한다. 특히 입구가 좁은 부위에 솜을 넣을 때 사용하면 솜 넣기가 편하다. 겸자 길이는 14cm, 18cm가 있고, 겸자 앞부분의 모양에 따라 곡선과 직선으로 분류한다.

### 구름솜

구름솜은 잘 뭉치지 않게 넣을 수 있어 뜨개 인형에 사용한다.

### 와이어

뜨개 인형의 팔다리, 꼬리에 넣어 자유롭게 움직일 수 있도록 해준다. 본 책에서는 3mm 와이어를 사용한다.

### 단추

인형의 눈, 코, 입 등을 스티치 대신 표현할 때 사용한다.

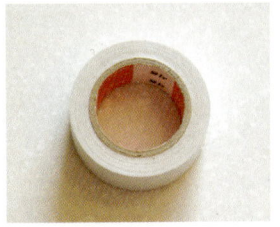

### PVC 테이프

인형에 와이어를 넣을 때 와이어 끝부분에 PVC 테이프로 감는다. 아이가 가지고 노는 인형에서 와이어가 튀어나올 수도 있어 와이어 끝부분을 PVC 테이프로 마감하는 것이 좋다.

### 수성 펜 (기화성 펜)

물을 묻히거나 시간이 지나면 자연스럽게 지워지는 펜으로 인형 연결부위나, 스티치 위치를 임시로 표시할 때 사용한다.

### 패브릭 잉크

뜨개 인형의 얼굴이나 몸통에 명암을 표현하여 인형의 완성도를 높인다.

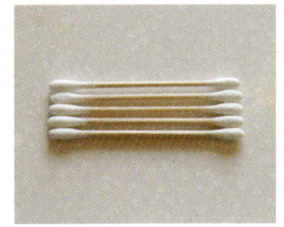

### 면봉

패브릭 잉크를 사용할 때 면봉에 조금씩 묻혀서 색상을 표현한다.

### 바닥 판

판판한 편물을 만들 때 편물 안에 넣어 작품 모양을 만든다.

# 도안 기호 보는 법

| 기호 | 한글 명칭 | 영문 약자 | 영문 명칭 |
|---|---|---|---|
| | RS: 겉뜨기 | K | Knit |
| | WS: 안뜨기 | P | Purl |
| | RS: 안뜨기 | P | Purl |
| | WS: 겉뜨기 | K | Knit |
| | RS: 겉 1코 늘리기 | KFB | Knit in Front and Back |
| | WS: 안 1코 늘리기 | PFB | Purl in Front and Back |
| | RS: 안 1코 늘리기 | PFB | Purl in Front and Back |
| | WS: 겉 1코 늘리기 | KFB | Knit in Front and Back |
| | RS: 겉 2코 모아뜨기 (왼코겹치기, 왼코줄이기) | K2tog | Knit 2 Together |
| | WS: 안 2코 모아뜨기 (왼코겹치기) | P2tog | Purl 2 Together |
| | RS: 안 2코 모아뜨기 (왼코겹치기) | P2tog | Purl 2 Together |
| | WS: 겉 2코 모아뜨기 (왼코겹치기, 왼코줄이기) | K2tog | Knit 2 Together |
| | RS: 오른코 줄이기 | SKPO | Slip Knit Pass Over |
| | RS: 오른코 중심 3코 모아뜨기 | sl 1. k2tog. Psso | slip 1. knit 2 together. pass slipped stitch over |
| | 감아코 | | cast on |
| | 코막기 | | cast off |

RS(Right Side) : 도안의 뜨개질 방향이 오른쪽에서 왼쪽이다.
WS(Wrong Side) : 도안의 뜨개질 방향이 왼쪽에서 오른쪽이다.

××××××××××××××××××××××××××××××××××××××××××××××××××××××××××××××××××××××××

# 영문 뜨개 용어 보는 법

××××××××××××××××××××××××××××××××××××××××××××××××××××××××××××××××××××××××

뜨개를 하다 보면 영문 도안을 볼 때가 있다. 영문 뜨개 용어 보는 방법을 알아두면 뜨개에 도움이 된다.


**KFB**     **Knit in Front and Back**
            겉뜨기        앞코         뒤코

겉뜨기로 앞코를 뜨고 코를 걸어놓은 상태에서 뒤코를 떠서 1코를 늘린다.


**PFB**     **Purl in Front and Back**
            안뜨기        앞코         뒤코

안뜨기로 앞코를 뜨고 코를 걸어놓은 상태에서 뒤코를 떠서 1코를 늘린다.


**K2tog**   **Knit 2 Together**
            겉뜨기     2코 함께

2코를 함께 모아 1코로 겉뜨기한다.


**P2tog**   **Purl 2 Together**
            안뜨기     2코 함께

2코를 함께 모아 1코로 안뜨기한다.


**SKPO**    **Slip Knit Pass Over**
            걸러뜨기  겉뜨기  덮어씌우기

1코는 뜨지 않고 바늘에 코를 옮기고, 다음 코를 겉뜨기한다.

뜨지 않고 옮긴 코 위로, 겉뜨기 1코에 덮어서 코를 줄인다.


**sl 1. k2tog. psso**   **slip 1. knit 2 together. pass slipped stitch over**
                        1코 옮기기    겉뜨기 2코 함께          덮어씌우기

1코는 뜨지 않고 바늘에 코를 옮기고, 2개의 코를 함께 모아 1코로 떠서 코를 줄인다.

뜨지 않고 옮긴 코 위로, 2코 모아 뜬 코에 덮어서 1개의 코로 만든다. 총 2개의 코가 줄어들게 된다.

# 뜨개 기초

## 코와 단

코는 바늘에 걸려있는 고리를 말하며, 단은 시작코에서 끝코까지 한 줄 뜬 것을 말한다.

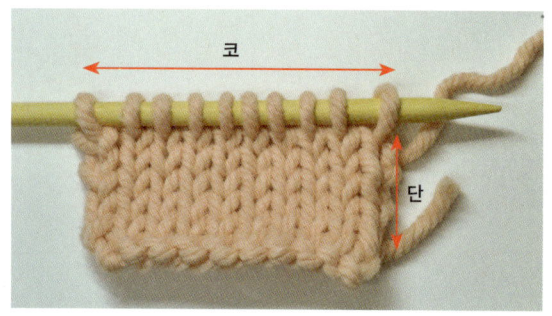

## 앞코, 뒤코

바늘에 걸려 있는 코를 봤을 때 앞쪽에 있는 코가 앞코이고, 뒤쪽에 있는 코가 뒤코이다.

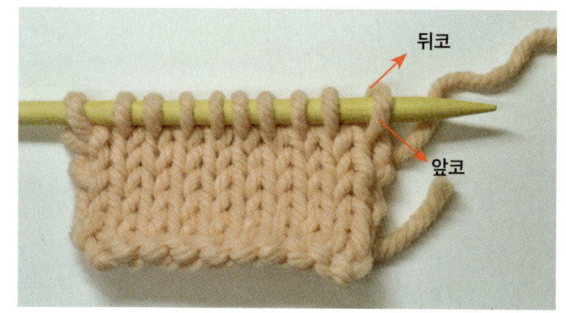

## 시작코 잡기

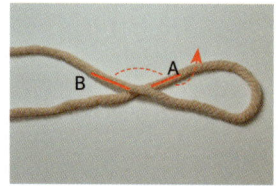

**1** 실을 겹쳐 링을 만든다. 실타래나 실 끝의 방향은 상관없다.

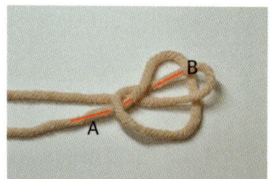

**2** B 실을 A 실 밑으로 넣어 링 사이로 뺀다.

**3** 실을 잡아당겨 링을 만든다.

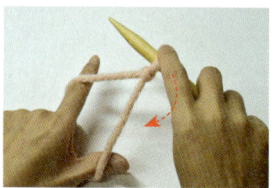

**4** 링에 바늘을 끼우고 조이면 시작코의 첫 코가 만들어진다. 왼손 엄지와 검지에 실을 걸어 잡는다.

**5** 바늘을 손바닥 쪽으로 내린 후, 왼손 나머지 세 손가락으로 실을 팽팽하게 잡고 바늘을 밑으로 당긴다.

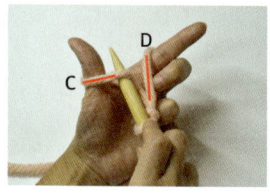

**6** 바늘을 C 실 밑으로 넣는다.

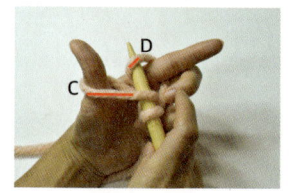

**7** D 실에 바늘을 넣어 건다.

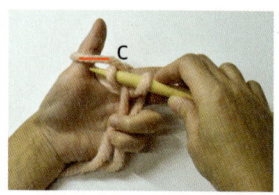

**8** 바늘이 들어간 C 실 아래로 바늘을 뺀다.

**9** 실을 당겨 코를 만든다.

**10** 과정을 반복하여 원하는 만큼 시작코를 만든다.

**11** 마무리는 코를 한번 묶어서 코가 풀리지 않게 한다.
시작코는 단으로 세지 않는다.

## 겉뜨기 (겉) knit(K) ☐

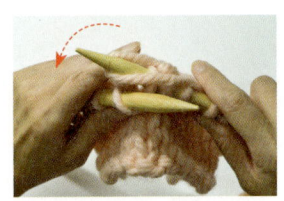

**1** 실을 바늘 뒤로 놓고 오른쪽 바늘로 앞코를 바깥쪽으로 통과하여 건다.

**2** 실을 오른쪽 바늘에 반시계방향으로 감는다.

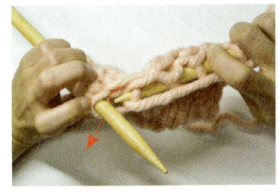

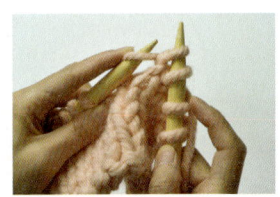

**3** 오른쪽 바늘이 들어간 구멍으로 감은 실을 앞쪽으로 빼낸다.

**4** 왼쪽 바늘에 걸려 있는 코를 하나 뺀다.

**5** 겉뜨기 1코가 완성된다. 과정을 반복하면 오른쪽 바늘로 코가 옮겨지면서 겉뜨기 1단이 떠진다.

## 안뜨기 (안) purl(P) ▣

**1** 실을 앞쪽으로 놓고 오른쪽 바늘을 앞코에 걸어 안쪽으로 통과시킨다.

**2** 실을 반시계방향으로 오른쪽 바늘에 감는다.

**3** 오른쪽 바늘이 들어간 구멍으로 감은 실을 뒤쪽으로 빼낸다.

**4** 왼쪽 바늘에 걸려 있는 코를 하나 뺀다.

**5** 안뜨기 1코가 완성된다. 과정을 반복하면 안뜨기 1단이 떠진다.

## 메리야스뜨기

메리야스 겉모양

메리야스 안쪽 모양

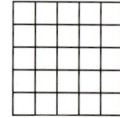

도안에서는 겉에서 보이는 면만 표시하기 때문에 겉뜨기로만 보인다.

겉뜨기와 안뜨기를 한 단씩 반복하여 뜨면 된다.
상황에 따라 안뜨기, 겉뜨기 순서로 해도 된다.

## 겉뜨기 (겉) knit(K)

 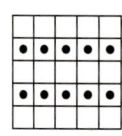

도안에서는 겉에서 보이는 면만 표시하기 때문에 겉뜨기와 안뜨기 기호가 한 단씩 반복된다.

겉뜨기로 계속해서 뜬다. 상황에 따라 안뜨기만 반복하여도 무늬는 같다.

## 코 늘리기

### 겉 1코 늘리기=kfb(knit in front and back)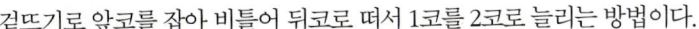

겉뜨기로 앞코를 잡아 비틀어 뒤코로 떠서 1코를 2코로 늘리는 방법이다.

**1** 실을 뒤로 놓고 오른쪽 바늘로 앞코를 잡아 바늘을 뒤쪽으로 통과시킨다.

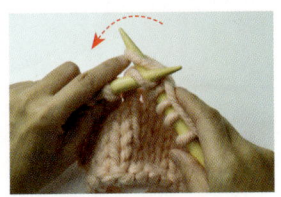

**2** 실을 반시계방향으로 감는다.

**3** 바늘이 들어온 구멍으로 감은 실을 빼낸다.

**4** 왼쪽 바늘의 코를 빼지 않고 바늘을 틀어 뒤코 사이로 오른쪽 바늘을 통과시킨다.

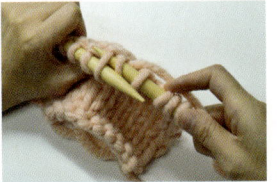

**5** 실을 반시계방향으로 감는다.

**6** 바늘이 통과한 구멍으로 실을 감은 오른쪽 바늘을 뺀다.

**7** 왼쪽 바늘을 밀어서 코를 뺀다.

늘어난 코

**8** 1코가 더 생긴 것을 볼 수 있다.

## 안 1코 늘리기=PFB(Purl in front and back)

안뜨기로 앞코를 잡아 비틀어 뒤코로 떠서 1코를 2코로 늘리는 방법이다.

**1** 실을 앞으로 놓고 안뜨기와 마찬가지로 오른쪽 바늘을 앞코에 걸어 앞쪽으로 통과시킨다.

**2** 반시계방향으로 실을 오른쪽 바늘에 감는다.

**3** 안뜨기와 같은 방법으로 오른쪽 바늘이 들어온 구멍으로 오른쪽 바늘을 뺀다. 이때, 왼쪽 바늘에 있는 코는 그대로 둔다.

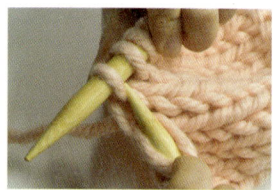

**4** 바늘을 틀어 뒤코를 안뜨기 방향으로 통과시킨다.

**5** 실을 반시계방향으로 감는다.

**6** 바늘이 들어간 구멍에 실을 감은 바늘을 뺀다.

**7** 왼쪽 바늘의 코를 밀어서 뺀다.

늘어난 코

**8** 겉에서 보면 겉 1코 늘리기처럼 1코 늘어난 것을 볼 수 있다.

16

# 코 줄이기

## 겉 2코 모아뜨기(왼코 겹치기, 왼코 줄이기)=k2tog(knit 2 together) ⊠

**1** 실을 뒤로 하고 왼쪽 바늘 2코를 한 번에 오른쪽 바늘로 통과시킨다.

**2** 반시계방향으로 실을 감는다.

**3** 바늘이 들어간 구멍으로 실을 감은 바늘을 뺀다.

**4** 왼쪽 바늘의 코를 밀어서 뺀다.

**5** 1코가 줄어든 것을 볼 수 있다.

## 안 2코 모아뜨기(왼코 겹치기)=p2tog(purl 2 together) ⊠

**1** 실을 앞으로 하고 왼쪽 바늘 2코를 오른쪽 바늘로 통과시킨다.

**2** 오른쪽 바늘에 실을 반시계방향으로 감는다.

**3** 바늘이 들어간 구멍으로 실을 감은 바늘을 빼낸다.

**4** 왼쪽 바늘의 코를 밀어서 빼면 두 코가 모여 1코가 된다.

**5** 코가 줄어든 것을 볼 수 있다.

## 오른코 줄이기=skpo(slip knit pass over)

**1** 실을 뒤로 놓고 오른쪽 바늘로 앞코를 바깥쪽으로 통과하여 건다.

**2** 왼쪽 바늘의 코를 뜨지 않고 오른쪽 바늘로 옮긴다.

**3** 다음 코에 오른쪽 바늘을 앞코 바깥쪽으로 통과하여 건다.

**4** 오른쪽 바늘에 반시계방향으로 실을 감는다.

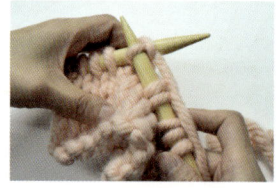  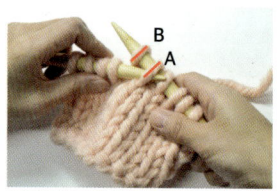

**5** 코 사이로 바늘을 뺀다.

**6** A 코를 왼쪽 바늘로 걸어 B 코 위로 넘긴다.

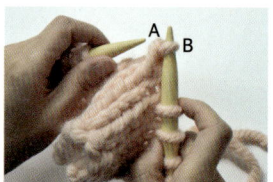 

**7** A 코를 B 코 위로 덮어서 코를 뺀다.

**8** 1코가 줄어든 모습을 볼 수 있다.

### 겉 2코 모아뜨기와 오른코 줄이기의 차이

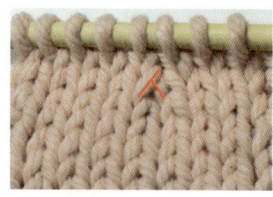 

겉 2코 모아뜨기

오른코 줄이기

코가 줄여질 때 코가 겹친 방향이 서로 반대방향이다.

## 오른코 중심 3코 모아뜨기

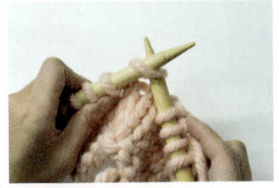

**1** 실을 뒤로 놓고 오른쪽 바늘로 앞코를 바깥쪽으로 통과하여 건다.

**2** 코를 뜨지 말고 오른쪽 바늘로 옮긴다.

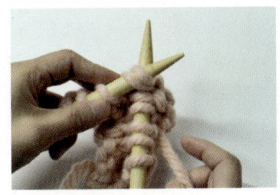

**3** 2코를 동시에 오른쪽 바늘에 넣는다.

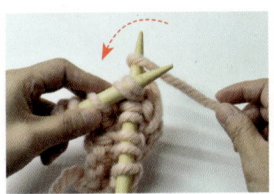

**4** 반시계방향으로 실을 감는다.

**5** 넣은 구멍으로 바늘을 빼낸다.

**6** 2코 모아뜨기를 완성한다.

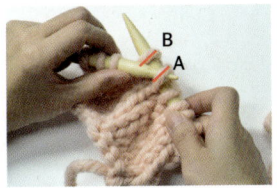

**7** A 코를 왼쪽 바늘로 걸어 B 코 위로 넘긴다.

**8** A 코를 B 코 위로 덮어서 코를 빼준다.

**9** 완성이 되면 코가 2코가 줄어든다.

## 코막기

뜨개질을 마무리할 때 실을 마감하는 방법이다.

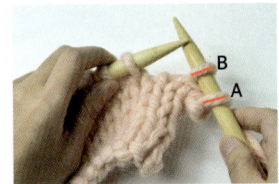

**1** 코막기 시작을 위해 겉뜨기 2코를 뜬다.

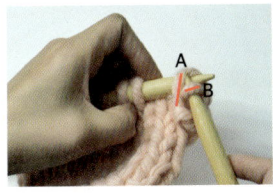

**2** A 코를 B 코로 덮어서 코를 빼고 코를 줄인다.

**3** 겉뜨기를 1코 뜬다.

대바늘 손뜨개 기초 • **19**

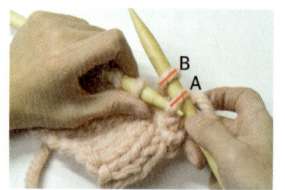   

**4** A 코를 B 코 위로 덮어서 코를 줄인다.

**5** 앞 과정을 끝까지 반복한다.

**6** 실을 잘라 바늘을 빼고 코 사이로 실을 넣는다.

**7** 실을 당겨 매듭을 지어 코막기를 완성한다.

## 코모으기(정수리모으기)=BT

뜨개질을 마무리하는 방법의 하나로 모든 코를 돗바늘로 통과시켜 모은다. 주로 모자 뜨기를 할 때 많이 사용된다.

  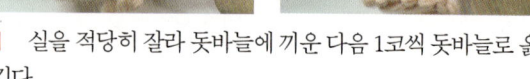  

**1** 실을 적당히 잘라 돗바늘에 끼운 다음 1코씩 돗바늘로 옮긴다.

**2** 돗바늘로 모든 코를 옮긴다.

**3** 돗바늘을 통과시켜 뺀다.

**4** 실을 당겨 코를 모은다.

## 원통뜨기(매직루프)=magic loop(knitting in around)

원통으로 연결해서 뜨는 방법이다.

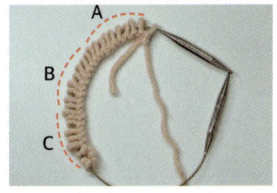 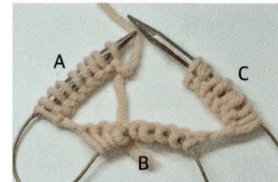 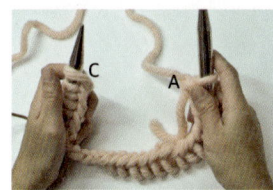 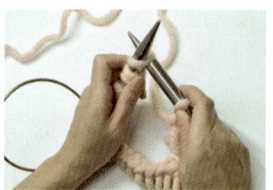

**1** 시작코를 잡고 코를 3등 분한다.

**2** 전체 코를 A, B, C로 3등 분하여 바늘에 나눠놓는다.

**3** 실이 연결되어 있는 바늘 을 오른손에 잡는다.

**4** 줄을 당겨 오른쪽 바늘을 왼쪽 바늘 코로 통과시킨다.

**5** 오른쪽 바늘에 실을 반시 계방향으로 감는다.

**6** 실을 감은 바늘을 빼면 겉뜨기와 같다.

**7** 겉뜨기를 반복하면 원통 모양이 되며, 메리야스 모양 이 된다.

## 감아코 만들기 ⌀

새로운 코를 편물 시작이나 끝에 만들 때 사용하는 방법이다.

**1** 오른손에 실을 감는다.

**2** 왼쪽 바늘로 오른손 실을 건다.

**3** 실을 당겨 감아코를 1코 만든다.

**4** 과정을 반복하여 원하는 만큼의 코를 만든다.

**5** 원하는 만큼 코를 만든 후, 겉뜨기를 하면 오른쪽에 코가 늘어난 것을 볼 수 있다.

## 오른쪽 바늘에 감아코 만들기

감아코 만들기를 손을 바꿔 뜨면 된다.

 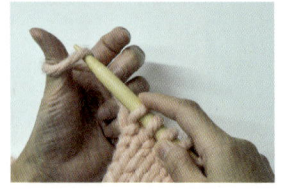  

**1** 바늘을 오른손에 쥐고 왼손에 실을 감는다.

**2** 오른쪽 바늘로 왼손 실을 건다.

**3** 실을 당겨 감아코를 1코 만든다.

**4** 과정을 반복하여 원하는 만큼 코를 만든다.

**5** 감아코를 만들고 안뜨기를 하면 바늘 왼쪽에 코가 만들어진 것을 볼 수 있다.

## 코줍기(실 끌어올리기)=pick up

**1** 왼손에 실을 걸어서 잡는다.

**2** 실을 뜨개물 뒤에 놓고 코바늘을 코 사이로 넣는다.
코바늘이 없으면 대바늘을 사용한다.

**3** 코바늘로 실을 잡는다.

**4** 뜨개물 앞으로 코바늘을 꺼내서 실을 당긴다.

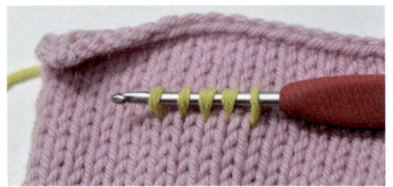

**5** 과정을 반복하여 원하는 만큼 코를 만든다. 만든 코는 대바늘에 옮겨서 뜨개를 한다.

# 돗바느질

## 덧수

뜨개에 무늬를 만들 때 사용한다.

**1** 실을 A 코 사이로 뺀다.

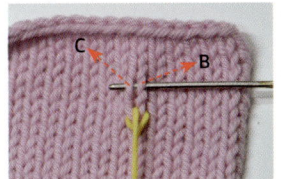

**2** B와 C 사이로 실을 통과시킨다.

**3** 바늘을 처음 시작한 A에 넣는다.

**4** A에 넣은 바늘을 D로 뺀다.

**5** 실을 당기면 수가 놓인다.

**6** 덧수를 반복하면 나란히 수가 놓인다.

## 잇기

### 메리야스 잇기(옆 솔기 잇기)

뜨개물의 양옆을 한 단씩 돗바늘로 연결한다.

**1** 편물을 같은 방향으로 놓는다.

**2** 돗바늘에 실을 걸고 끝단에 바늘을 통과시킨다.

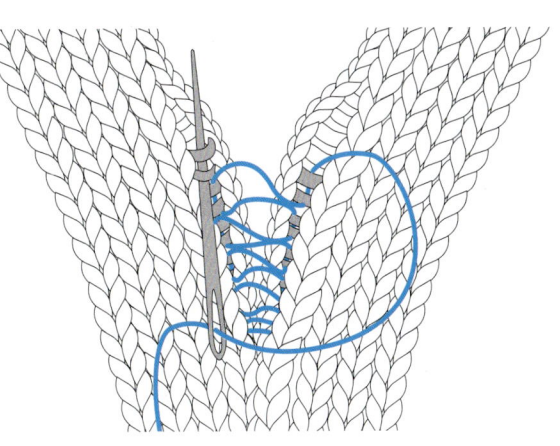

 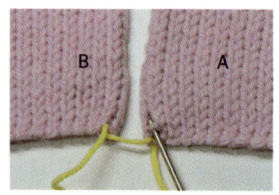 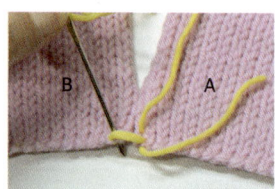 

**3** 반대 편물 끝단에 바늘을 통과시킨다.

**4** A 편물 실이 나온 구멍으로 바늘을 넣고 윗단 구멍으로 바늘을 통과시킨다.

**5** B 편물 실이 나온 구멍으로 다시 바늘을 통과시킨다.

**6** 윗단으로 바늘이 나오도록 통과 시킨다.

**7** 양쪽 편물을 돗바늘로 왕래하면서 옆 솔기를 꿰맨 후 실을 당기면 실이 보이지 않게 두 편물이 연결된다.

## 메리야스 잇기(시작단+끝단)

실의 교차 방법은 기본 '옆 솔기 잇기'와 같다.

 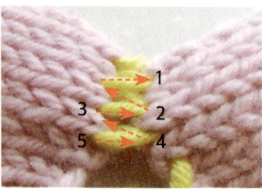  

**1** 편물의 시작단과 끝단을 나란히 놓고 실을 1코씩 통과시킨다.

**2** 순서대로 1코씩 교차로 바느질을 한다.

**3** 실을 당기며 연결한다.

**4** 편물이 다 연결되면 실이 보이지 않는다.

## 메리야스 잇기(옆 솔기+끝단)

실의 교차 방법은 기본 '옆 솔기 잇기'와 같다.

 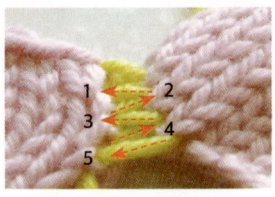  

**1** 편물을 옆 솔기와 끝단을 나란히 놓고 실을 1코씩 통과시킨다.

**2** 순서대로 1코씩 교차로 바느질을 한다.

**3** 실을 당기면 연결한다.

**4** 편물이 다 연결되면 실이 보이지 않는다.

## 가터뜨기 연결방법

실의 교차 방법은 기본 '옆 솔기 잇기'와 같다.

 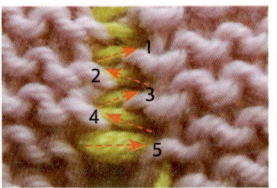  

**1** 편물 나란히 놓고 실을 1코씩 통과시킨다.

**2** 순서대로 1코씩 교차로 바느질을 한다.

**3** 실을 당기면 편물이 연결한다.

**4** 편물이 다 연결되면 실이 보이지 않는다.

## 감침질(앞반코)

  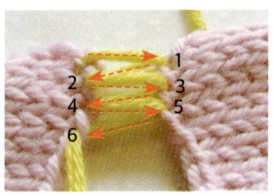 

**1** 편물을 시작단과 끝단을 나란히 놓고 실을 앞코 1/2코씩 통과시킨다.

**2** 순서대로 1/2코씩 바늘을 통과시킨다.

**3** 순서대로 1코씩 교차로 바느질한다.

**4** 바느질한 실을 당기면서 연결한다.

**5** 편물이 다 연결되면 실이 보이기 때문에 편물과 같은 색의 실을 사용하는 것이 좋다.

## 메리야스 잇기(옆 솔기+끝단)

실의 교차 방법은 기본 '옆 솔기 잇기'와 같다.

 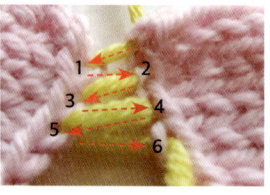  

**1** 편물의 시작단과 끝단을 나란히 놓고 실을 뒤코 1/2코 씩 통과시킨다.

**2** 순서대로 1코씩 교차로 바느질한다.

**3** 바느질한 실을 당기면서 연결한다.

**4** 편물이 다 연결되면 실이 보이기 때문에 편물과 같은 색의 실을 사용하는 것이 좋다.

# 표정 만들기

## 너트 스티치

인형의 눈을 만들 때 사용한다.

**1** 실을 둥글게 말아 구멍 사이로 실을 통과시킨다.

**2** 실에 매듭을 만든다.

**3** 매듭이 편물 바닥에 오게 하고 실을 당긴다.

**4** 실이 나온 구멍으로 바늘을 다시 넣어 실을 당긴다.

**5** 매듭이 생긴 부분을 너트 스티치라고 한다.

## 스티치 종류와 방법

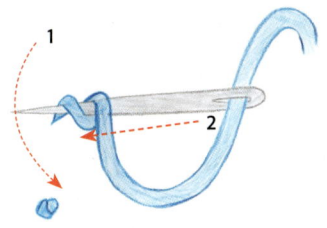

너트 스티치

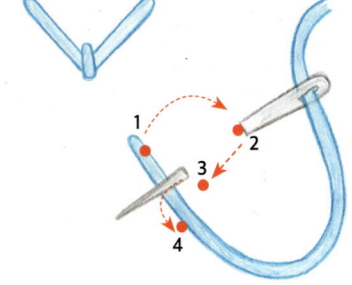

플라이 스티치

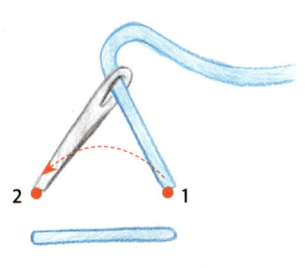

스트레이트 스티치

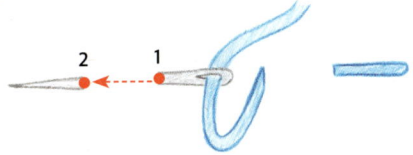

런닝 스티치

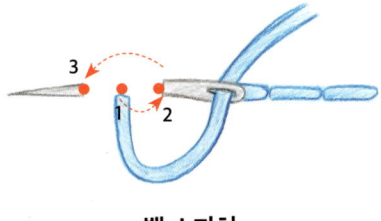

백 스티치

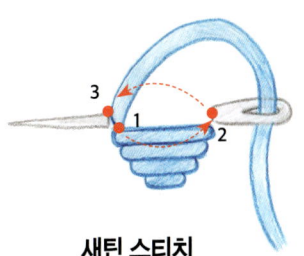

새틴 스티치

## 인형 화장하기

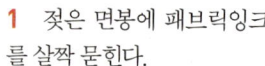

**1**  젖은 면봉에 패브릭잉크
를 살짝 묻힌다.

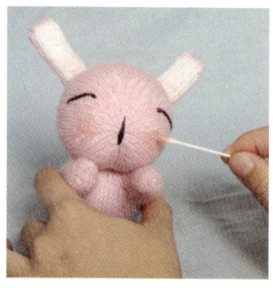

**2**  화장하듯 인형 얼굴에 살
짝 칠한다.

## 게이지

게이지란 쉽게 1인치 안에 가로세로로 몇 개의 코와 단수가 들어가는지를 말한다. 바늘의 크기나 실의 두께에 따라
그 개수가 달라지는데, 반대로 같은 수의 코와 단을 기준으로 본다면 가로세로가 각각 다른 크기의 편물을 얻을 수
있다는 것을 알 수 있다.

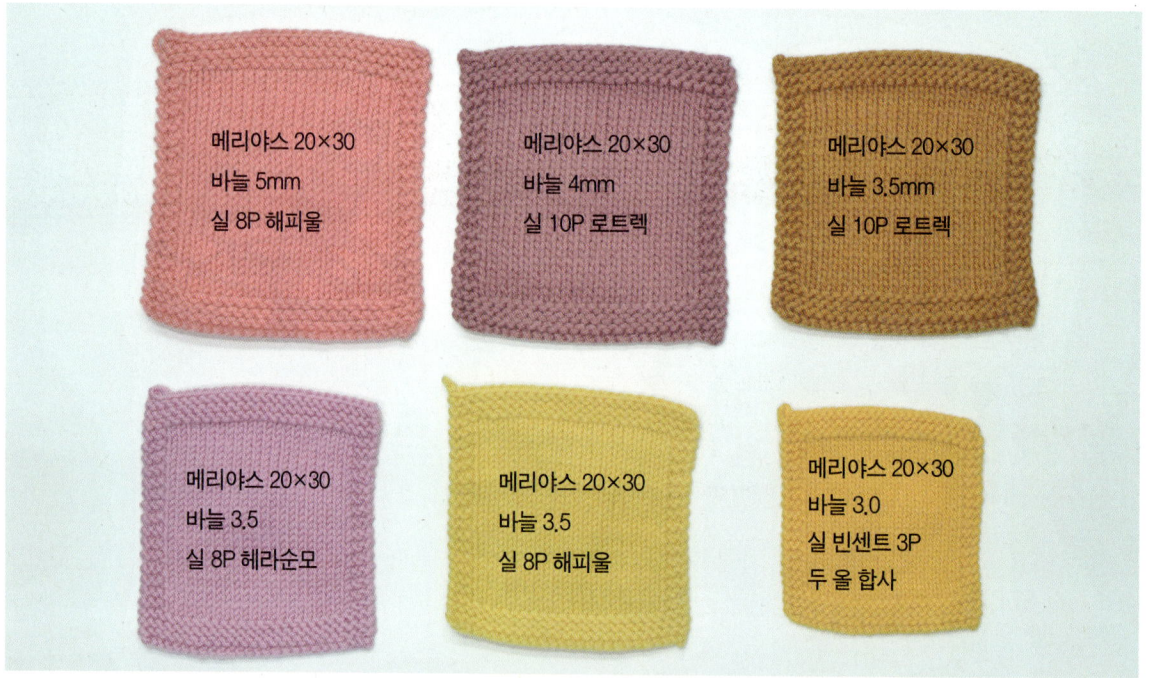

메리야스 20×30
바늘 5mm
실 8P 해피울

메리야스 20×30
바늘 4mm
실 10P 로트렉

메리야스 20×30
바늘 3.5mm
실 10P 로트렉

메리야스 20×30
바늘 3.5
실 8P 헤라순모

메리야스 20×30
바늘 3.5
실 8P 해피울

메리야스 20×30
바늘 3.0
실 빈센트 3P
두 울 합사

사용 실 종류와 바늘 비교

우리 아이를 지켜주는

# 고양이 특공대와 슈퍼히어로

아이를 낳고 키워 본 엄마는 처음 아이가 태어났을 때의 모습을 그리워합니다. 그때의 모습을 기억하기 위해 고양이 특공대는 신생아의 크기 48cm로 만든 인형입니다. 아이는 애착 인형을 안고 다니면서 자신이 태어났을 때를 생각해 볼 수 있습니다. 고양이 특공대와 슈퍼히어로는 잠자리를 무서워하는 우리 아이를 지켜줄 슈퍼 영웅입니다.

# 고양이 특공대

**사이즈**  
**고양이 특공대** 48cm  
**슈퍼히어로** 35cm

**준비물**  
**바늘** 3.5mm 줄바늘  
**실** 헤라 순모  
**고양이 특공대 핑크** 004 라일락 (3타래), 001 백아이보리 (1타래), 002 검정 (1타래)  
**고양이 특공대 레드** 014 딸기빨강 (3타래), 001 백아이보리 (1타래), 002 검정 (1타래)  
**슈퍼히어로 옐로** 036 진노랑 (2타래), 001 백아이보리 (1타래), 002 검정 (1타래)  
**슈퍼히어로 그린** 010 밝은 라임 (2타래), 001 백아이보리 (1타래), 002 검정 (1타래)  
**슈퍼히어로 핑크** 003 핑크 (2타래), 001 백아이보리 (1타래), 002 검정 (1타래)  

**기타재료** 스티치용 은사, 구름솜, 겸자, 니트핀, 돗바늘, 와이어, PVC 테이프

**만들기 순서**  
01 몸통에 창구멍을 남기고 다리, 머리, 몸통의 옆 솔기를 꿰맨다.  
02 머리부터 발끝까지 솜을 넣고 창구멍을 꿰맨다.  
03 팔 2장은 옆 솔기를 꿰맨 후, 솜을 1/2 정도 넣는다.  
04 몸통을 관통한 와이어에 두 팔을 끼우고, 팔을 몸통에 꿰맨다.  
05 옆 솔기를 꿰맨 꼬리에 솜을 1/2 정도 넣는다.  
06 꼬리와 귀, 스카프와 벨트, 치마를 붙인다.  

고양이 특공대 레드와 핑크를 만드는 방법은 같다. 실 색을 다르게 하면 다양한 색의 고양이 특공대를 만들 수 있다. 슈퍼히어로의 경우 꼬리와 귀를 제외하고 같은 순서로 만들면 된다.

❶ 몸통에 창구멍을 남기고 다리, 몸, 머리를 꿰맨 후 솜을 넣고 창구멍을 막는다.

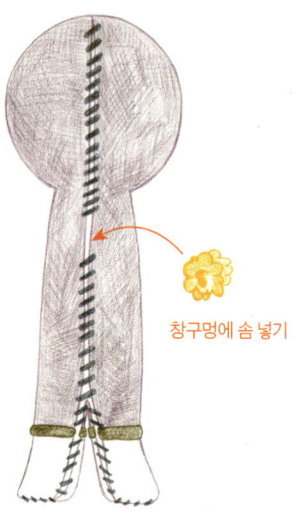

창구멍에 솜 넣기

❷ 팔(2장) 옆 솔기를 꿰맨 후 솜을 넣는다.

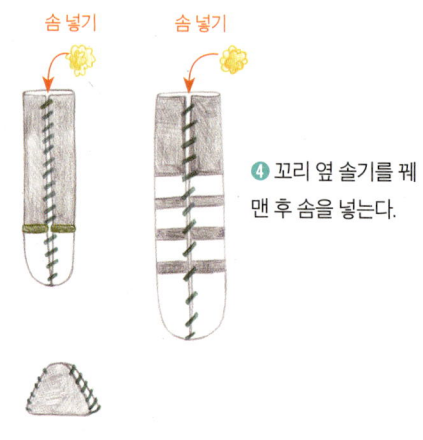

솜 넣기      솜 넣기

❹ 꼬리 옆 솔기를 꿰맨 후 솜을 넣는다.

❸ 귀(2장) 뜬 것을 세 번 접어 옆 솔기를 꿰맨다.

❺ 치마 또는 벨트 옆 솔기를 꿰맨다.

❻

귀는 양쪽을 대칭으로 꿰맨다.

팔에 와이어를 넣어 꿰맨다.

목선을 실로 꿰어 당긴다.

❼

벨트는 한 땀만 고정하듯 꿰맨다. 치마도 같은 방법으로 꿰맨다.

꼬리는 벨트(치마) 허리선 밑에 붙인다.

❽

스카프는 목에 두른 상태로 꿰맨다.

# 고양이 특공대 48cm 핑크, 레드

○ 헤라 순모 001 백아이보리
● 헤라 순모 002 검정
● 헤라 순모 004 라일락

| | |
|---|---|
| ☐ RS: 겉; WS: 안 | |
| ⊡ RS: 안; WS: 겉 | |
| RS: 겉 1코 늘리기; WS: 안 1코 늘리기 | |
| RS: 겉 2코 모아뜨기; WS: 안 2코 모아뜨기 | |

## 다리(오른쪽)

헤라 순모 001 백아이보리 실로 안뜨기부터 시작해서 메리야스뜨기로 작업한다.

| | | |
|---|---|---|
| 시작코 | 25코 | |
| 1단 | 안 25 | (25코) |
| 2단 | [겉 1코 늘리기] 25회 | (50코) |
| 3단 | 안 50 | (50코) |
| 4단 | 겉 50 | (50코) |
| 5~10단 | 3~4단을 3회 반복 | |
| 11단 | 안 50 | (50코) |
| 12단 | 겉 6, 겉 2코 모아뜨기 12, 겉 20 | (38코) |
| 13단 | 안 38 | (38코) |
| 14단 | 겉 6회, 겉 2코 모아뜨기 7, 겉 18 | (31코) |
| 15단 | 안 31 | (31코) |
| 16단 | 겉 6, 겉 2코 모아뜨기 4, 겉 17 | (27코) |
| 17단 | 안 27 | (27코) |
| 18단 | 겉 27 | (27코) |
| 19~32단 | 18~19단을 7회 반복 | |
| 33단 | 안 27 | (27코) |
| 검정 실로 바꾼다. | | |
| 34~39단 | 겉 27 | (27코) |
| 라일락 실로 바꾼다. | | |
| 40단 | 겉 27 | (27코) |
| 41단 | 안 27 | (27코) |

| | | |
|---|---|---|
| 42~53단 | 40~41단을 6회 반복 | |
| 마무리 | 코막기를 하지 않고 실을 30cm가량 남긴 후 자른다. | |

바늘에 편물을 걸어 놓은 상태에서 반대편 바늘에서 코를 잡고 왼쪽 다리 뜨개를 시작한다.

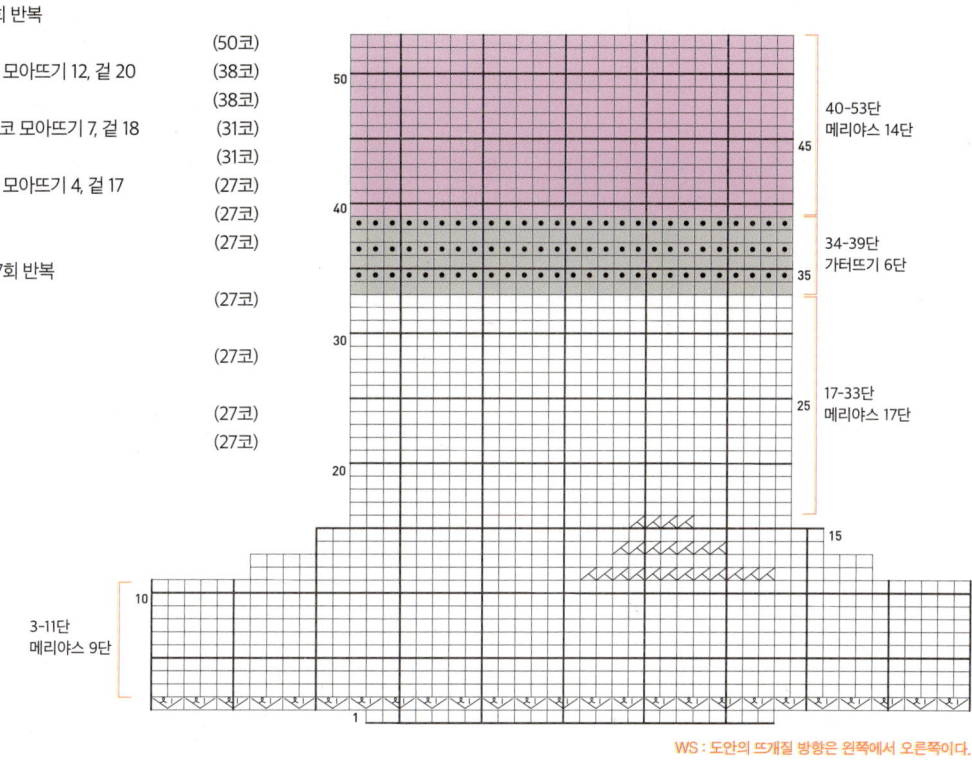

40~53단
메리야스 14단

34~39단
가터뜨기 6단

17~33단
메리야스 17단

3~11단
메리야스 9단

WS : 도안의 뜨개질 방향은 왼쪽에서 오른쪽이다.

## Point ① 실 색 바꾸기

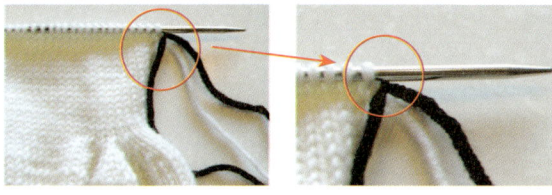

1 기존 실을 20cm가량 남기고 자른 후 바꾸는 실을 시작점에 묶어 35~40단까지 가터뜨기 6단을 뜬다.

2 다시 실 색을 바꿔 메리야스를 14단 떠서 한쪽 다리를 완성한다.

◯ 헤라 순모 001 백아이보리
● 헤라 순모 002 검정
● 헤라 순모 004 라일락

▢ RS: 안; WS: 겉
▣ RS: 겉; WS: 안
▨ RS: 안 1코 늘리기; WS: 겉 1코 늘리기
▧ RS: 안 2코 모아뜨기; WS: 겉 2코 모아뜨기

## 다리(왼쪽)

오른쪽 다리 뜨개를 끝낸 바늘의 반대편 바늘을 사용하여 헤라 순모 001 백아이보리 실로 시작코를 잡는다.
안뜨기부터 시작하여 메리야스뜨기를 한다.

| | | |
|---|---|---|
| 시작코 | 25코 | |
| 1단 | 안 25 | (25코) |
| 2단 | [겉 1코 늘리기] 25회 | (50코) |
| 3단 | 안 50 | (50코) |
| 4단 | 겉 50 | (50코) |
| 5~10단 | 3~4단을 3회 반복 | |
| 11단 | 안 50 | (50코) |
| 12단 | 겉 20, 겉 2코 모아뜨기 12, 겉 6 | (38코) |
| 13단 | 안 38 | (38코) |
| 14단 | 겉 18, 겉 2코 모아뜨기 7, 겉 6 | (31코) |
| 15단 | 안 31 | (31코) |
| 16단 | 겉 14, 겉 2코 모아뜨기 4, 겉 6 | (27코) |
| 17단 | 안 27 | (27코) |
| 18단 | 겉 27 | (27코) |
| 19~32단 | 18~19단을 7회 반복 | |
| 33단 | 안 27 | (27코) |

검정 실로 바꾼다.

| | | |
|---|---|---|
| 34~39 | 단겉 27 | (27코) |

라일락 실로 바꾼다.

| | | |
|---|---|---|
| 40단 | 겉 27 | (27코) |
| 41단 | 안 27 | (27코) |
| 42~53단 | 40~41단을 6회 반복 | |
| 마무리 | 왼쪽 다리와 오른쪽 다리를 연결하며 몸통을 뜬다. | |

오른쪽 다리와 왼쪽 다리의 시작코와 끝코에 다른 색실로 마킹을 한다.

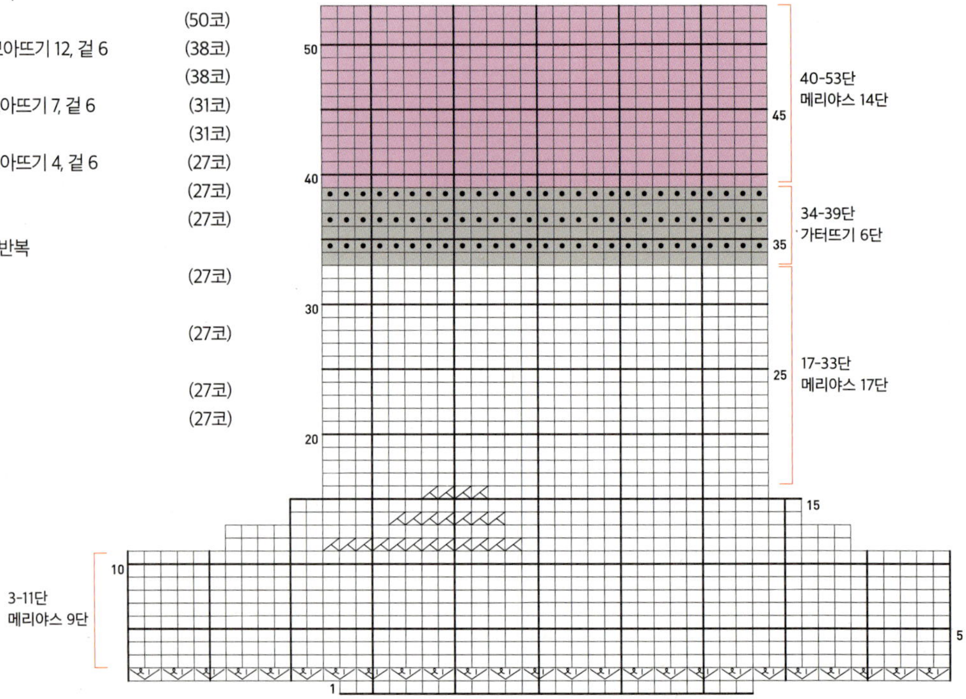

40-53단
메리야스 14단

34-39단
가터뜨기 6단

17-33단
메리야스 17단

3-11단
메리야스 9단

WS : 도안의 뜨개질 방향은 왼쪽에서 오른쪽이다.

## Point 2  왼쪽 다리 시작하기

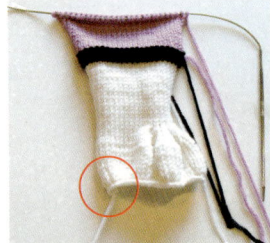

오른쪽 다리를 완성한 후 코막기를 하지 않고 실을 자른 후 반대편 바늘에서 코를 잡고 왼쪽 다리를 뜬다.
◯ 표시한 시작 실과 같은 방향의 바늘에 코를 잡는다.

## 몸 + 머리

● 헤라 순모 002 검정
● 헤라 순모 004 라일락

각각의 오른쪽, 왼쪽 다리 시작코와 끝코를 마킹한 후, 두 다리를 연결해서 몸통을 뜬다. 첫 단을 뜰 때 오른쪽 다리부터 겉뜨기로 시작해서 왼쪽 다리까지 연결해서 겉뜨기를 뜬다. 얼굴 중앙의 가면 부분은 검정 실로 가터뜨기를 한다.

| | | |
|---|---|---|
| 54단 | 겉 54 | (54코) |
| 55단 | 안 54 | (54코) |
| 56~113단 | 54~55단 29회 반복 | |
| 114단 | [겉 2, 겉 2코 모아뜨기, 겉 2] 9회 | (45코) |
| 115단 | 안 45 | (45코) |
| 116단 | [겉 2, 겉 2코 모아뜨기, 겉 1] 9회 | (36코) |
| 117단 | 안 36 | (36코) |
| 118단 | 겉 36 | (36코) |
| 119단 | 안 36 | (36코) |
| 120단 | [겉 1코 늘리기] 36회 | (72코) |
| 121단 | 안 72 | (72코) |
| 122단 | 겉 72 | (72코) |
| 123~132단 | 121~122단 두 단을 5회 반복 | |
| 133단 | 안 72 | (72코) |
| 134단 | (몸통 색실) 겉 24, (검정 실) 겉 24, (몸통 색실) 겉 24 | (72코) |
| 135단 | (몸통 색실) 안 24, (검정 실) 겉 24, (몸통 색실) 안 24 | (72코) |
| 136~153단 | 134~135단 두 단을 9회 반복 | |
| 154단 | 겉 72 | (72코) |
| 155단 | 안 72 | (72코) |
| 156~163단 | 155~156단 두 단을 4회 반복 | |
| 164단 | [겉 3, 겉 2코 모아뜨기, 겉 3] 9회 | (63코) |
| 165단 | 안 63 | (63코) |
| 166단 | [겉 3, 겉 2코 모아뜨기, 겉 2] 9회 | (54코) |
| 167단 | 안 54 | (54코) |
| 168단 | [겉 2, 겉 2코 모아뜨기, 겉 2] 9회 | (45코) |
| 169단 | 안 45 | (45코) |
| 170단 | [겉 2, 겉 2코 모아뜨기, 겉 1] 9회 | (36코) |
| 171단 | 안 36 | (36코) |
| 172단 | [겉 2코 모아뜨기] 18회 | (18코) |
| 173단 | 안 18 | (18코) |
| 174단 | [겉 2코 모아뜨기] 9회 | (9코) |
| 마무리 | 코모으기 | |

몸통이 완성되면 정수리부터 코모으기 후, 옆 솔기를 꿰맨다.
옆 솔기를 꿰맬 때는 목선에서 5cm가량 내려온 부분까지 꿰맨다.
발바닥에서부터 몸통 방향으로 창구멍 5cm가량 남기고 꿰맨다.
창구멍으로 솜을 넣은 후 창구멍을 막는다.
목선을 바느질로 조인다.

---

Point ③ **몸통으로 연결해서 뜨기**

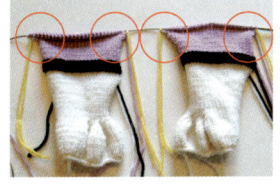

**1** 각각의 다리 시작코와 끝
코 네 군데에 다른 실을 걸어
표시한다.

**2** 표시한 모습.

**3** 양쪽 다리에 실로 표시한 후 연결해서 도안대로 몸통을 뜬다.

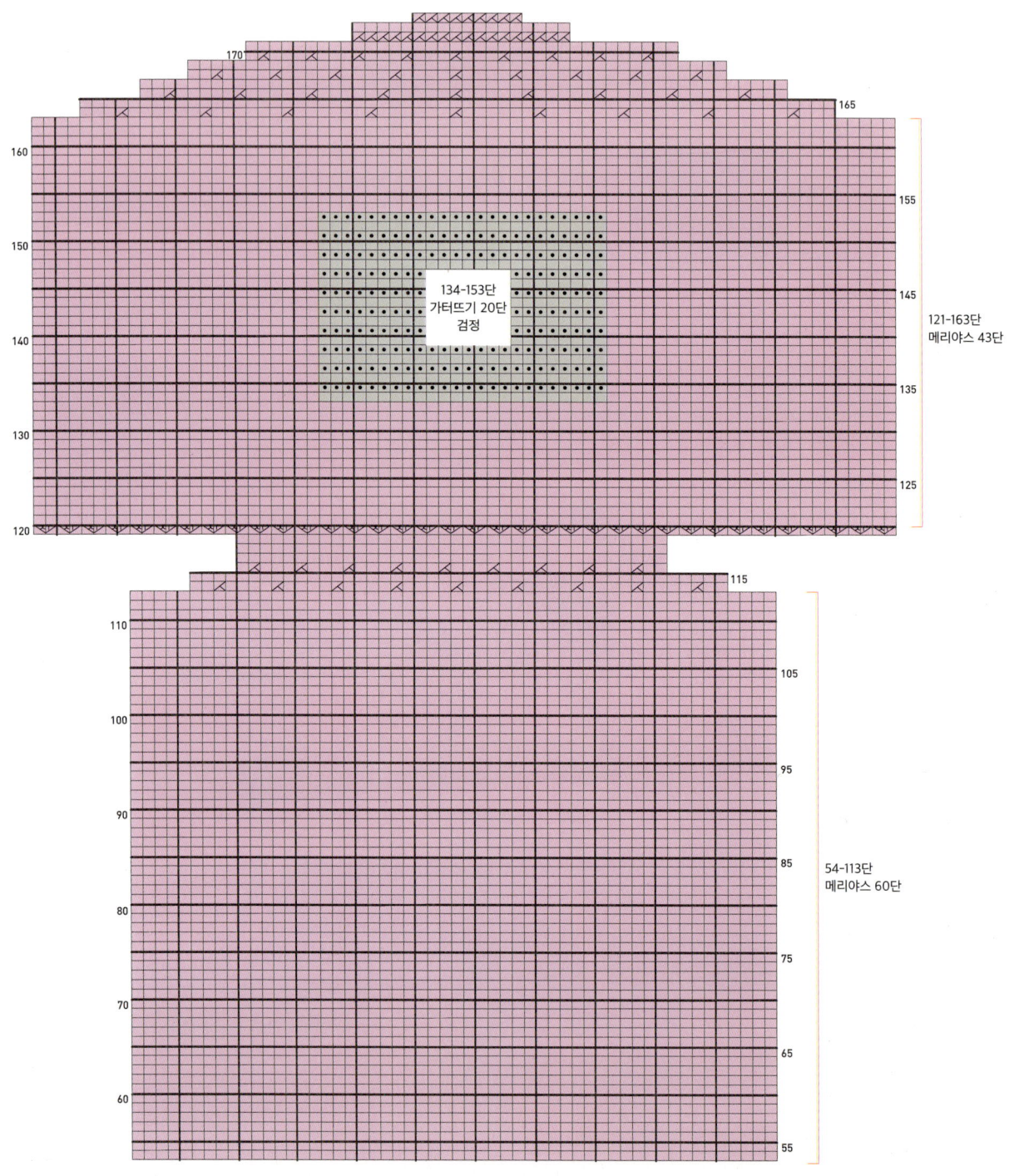

170

165

160

155

150

145

140

135

130

125

120

134-153단
가터뜨기 20단
검정

121-163단
메리야스 43단

115

110

105

100

95

90

85

80

75

70

65

60

55

54-113단
메리야스 60단

## Point 4  머리 마무리

코모으기 방법으로 마무리한다.

**1** 대바늘에 코를 남긴 상태에서 코막기를 하지 않고 실을 30cm 정도 남기고 자른다. 돗바늘에 남은 실을 끼워 대바늘의 코들을 1코씩 돗바늘에 옮긴다.

**2** 코를 다 옮겼으면 실을 잡아당겨 모은다.

## Point 5  발바닥 꿰매기

발바닥에 시접이 생기지 않게 연결하는 것이 중요하다.

**1** 시작 코에 매듭을 짓고 반대편 끝코 중 뒤의 반 코만 잡고 발바닥 양쪽 부분을 반 코씩 번갈아 감침질을 한다.

**2** 발가락을 반으로 접어 중앙까지 감침질을 반복한다.

**3** 바느질이 다 되면 실을 당긴다.

**4** 완성. 같은 색의 실을 사용해 꿰매면 바닥선이 안 보인다.

## Point 6  다리에서 몸통으로 꿰매기

두 다리 연결 부위는 구멍이 생기지 않게 주의한다.

**1** 두 다리 모두 표시한 실 부분까지 옆 솔기로 꿰맨다.

**2** 두 다리를 연결한 실 중 하나의 실로 몸통을 꿰매기 시작한다.

**3** 몸통 정면 중심코 A 부분을 걸쳐서 옆 솔기로 마주 보게 꿰맨다. 이렇게 하면 다리와 다리 사이에 구멍이 생기지 않는다.

## Point 7 전체적으로 꿰매는 방향

**1** 몸통 중앙에 창구멍 5cm가량을 남기고 머리 → 몸통, 발 → 몸통 방향으로 꿰맨다.

**2** 창구멍으로 솜을 넣고 막는다.

## Point 8 목선 조이기

목선과 얼굴선의 경계를 자연스럽게 표현한다.

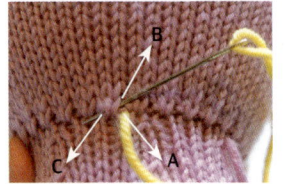   

**1** 시접에 매듭을 짓고 돗바늘이 A로 나와 B로 들어가서 C로 나온다.

**2** D 방향으로 돗바늘을 넣어 1번 과정을 반복한다.

**3** 실을 당기면서 1~2번 과정을 반복한다.

**4** 목선을 조이고 매듭을 지은 실은 옆으로 빼서 잘라 숨긴다.

 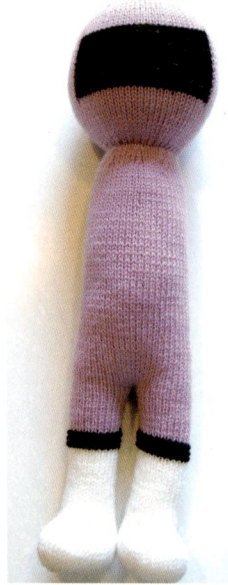

**5** 완성. 자연스럽게 목선에 통과된 실이 감춰진다.

**6** 고양이 특공대 다리부터 머리까지 연결하고 솜을 넣은 모습.

## 팔(2장)

몸통 실과 같은 헤라 순모 004 라일락 실로 시작한다.

| | | |
|---|---|---|
| **시작코** | 30코 | |
| **1단** | 겉 30 | (30코) |
| **2단** | 안 30 | (30코) |
| **3~54단** | 1~2단 두 단을 26회 반복 | |

검정 실로 바꾼다.

| | | |
|---|---|---|
| **55~60단** | 겉 30 | (30코) |

백아이보리 실로 바꾼다.

| | | |
|---|---|---|
| **61단** | 겉 30 | (30코) |
| **62단** | 안 30 | (30코) |
| **63~74단** | 61~62단 두 단을 5회 반복 | |
| **75단** | [겉 1, 겉 2코 모아뜨기] 10회 | (20코) |
| **76단** | 안 20 | (20코) |
| **77단** | [겉 2코 모아뜨기] 10회 | (10코) |
| **마무리** | 코모으기 | |

실을 30cm가량 남기고 자른다. 옆 솔기를 꿰맨 후, 솜을 1/2만 넣는다.

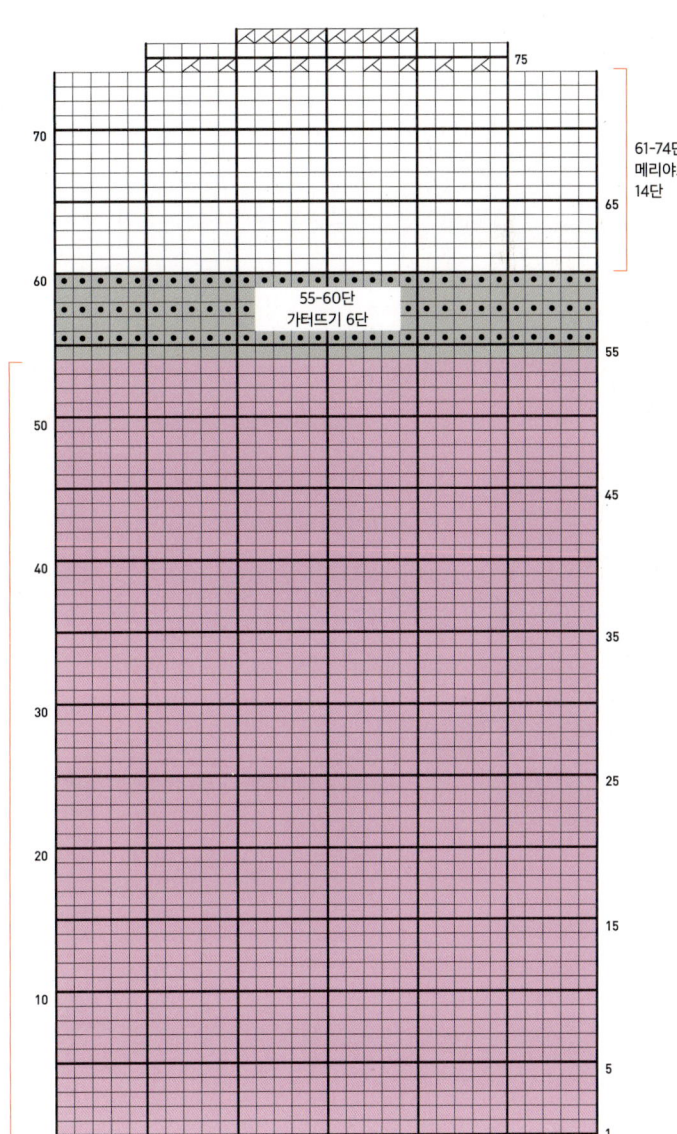

○ 헤라 순모 001 백아이보리
● 헤라 순모 002 검정
● 헤라 순모 004 라일락

□ RS: 겉; WS: 안
◉ RS: 안; WS: 겉
⊠ RS: 겉 2코 모아뜨기; WS: 안 2코 모아뜨기

61-74단
메리야스
14단

55-60단
가터뜨기 6단

1-54단
메리야스 54단

RS : 도안의 뜨개질 방향은 오른쪽에서 왼쪽이다.

**Point 9 팔 솜 넣기** —— **Point 10 어깨에 양팔 위치 잡기**

자연스러운 어깨선을 연출하기 위해 솜을 전체적으로 넣지 않고 손 쪽으로 1/2 정도만 채운다.

**1** 팔을 연결한 어깨 부분의 적당한 곳에 위치를 잡고 와이어를 몸통에 통과시켜 넣는다.

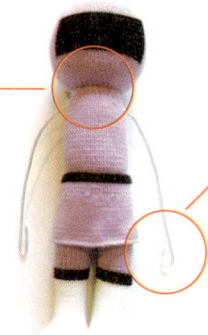

**2** 전체 모습.

**3** 와이어 끝을 둥글게 꺾은 다음 PVC 테이프로 감아 마감한다.

**Point 11 어깨에 양팔 위치 잡기** ——

**1** 솜을 넣은 팔에 와이어를 끼운다.

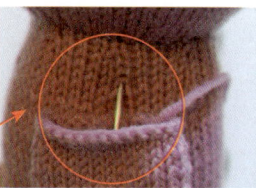

**2** 와이어의 위치를 중심선과 맞춘다.

**3** 니트핀으로 팔이 움직이지 않게 고정한다.

**4** 팔 아랫부분부터 솔기 꿰매는 방법으로 둥글게 돗바느질을 한다.

**5** 겨드랑이에서 어깨로 넘어갈 때는 코와 단을 연결해서 꿰맨다.

**6** 코와 단을 2단까지 반복하여 꿰맨다.

**7** 어깨까지 전체적으로 둥글게 꿰맨다.

## 귀(2장)

◯ 헤라 순모 001 백아이보리
● 헤라 순모 004 라일락

☐ RS: 겉; WS: 안
⊙ RS: 안; WS: 겉
⊠ RS: 겉 2코 모아뜨기; WS: 안 2코 모아뜨기

몸통 실과 같은 헤라 순모 004 라일락 실로 시작한다.

| 시작코 | 15코 | |
|---|---|---|
| 1단 | 겉 15 | (15코) |
| 2단 | 안 15 | (15코) |
| 3단 | 겉 2코 모아뜨기, 겉 13 | (14코) |
| 4단 | 안 2코 모아뜨기, 안 12 | (13코) |
| 5단 | 겉 2코 모아뜨기, 겉 11 | (12코) |
| 6단 | 안 2코 모아뜨기, 안 10 | (11코) |
| 7단 | 겉 2코 모아뜨기, 겉 9 | (10코) |
| 8단 | 안 2코 모아뜨기, 안 8 | (9코) |
| 9단 | 겉 2코 모아뜨기, 겉 7 | (8코) |
| 10단 | 안 2코 모아뜨기, 안 6 | (7코) |
| 11단 | 겉 2코 모아뜨기, 겉 5 | (6코) |
| 12단 | 안 2코 모아뜨기, 안 4 | (5코) |
| 13단 | 겉 5 | (5코) |

백아이보리 실로 바꾼다.

| 14단 | 안 5 | (5코) |
|---|---|---|
| 15단 | 겉 1코 늘리기, 겉 4 | (6코) |
| 16단 | 안 1코 늘리기, 안 5 | (7코) |
| 17단 | 겉 1코 늘리기, 겉 6 | (8코) |
| 18단 | 안 1코 늘리기, 안 7 | (9코) |
| 19단 | 겉 1코 늘리기, 겉 8 | (10코) |
| 20단 | 안 1코 늘리기, 안 9 | (11코) |
| 21단 | 겉 1코 늘리기, 겉 10 | (12코) |
| 22단 | 안 1코 늘리기, 안 11 | (13코) |
| 23단 | 겉 1코 늘리기, 겉 12 | (14코) |
| 24단 | 안 1코 늘리기, 안 13 | (15코) |
| 25단 | 겉 15 | (15코) |
| 26단 | 안 15 | (15코) |
| 마무리 | 코막기 | |

양옆 솔기를 꿰맨 후, 머리 양쪽에 대칭으로 붙인다.

RS : 도안의 뜨개질 방향은 오른쪽에서 왼쪽이다.

## Point 12 머리에 귀 연결하기

귀를 다 뜨면 옆 솔기로 꿰매고 머리 양쪽에 붙인다.

1  머리 위 양쪽에 귀 위치를 대칭되게 잡고 니트핀으로 고정한다.

2  니트핀으로 귀 양 끝을 단단히 고정한 후, 사진과 같이 귀 뒷면 중앙 코를 당겨 둥글고 입체적으로 귀 모양을 잡는다.

| | ● 헤라 순모 002 검정 | □ RS: 겉; WS: 안 |
| --- | --- | --- |
| | ● 헤라 순모 004 라일락 | ⊡ RS: 안; WS: 겉 |
| | | ☒ RS: 안 2코 모아뜨기; WS: 겉 2코 모아뜨기 |

## 치마

헤라 순모 004 라일락 실로 시작한다.

| 시작코 | 72코 | |
| --- | --- | --- |
| 1단 | 겉 72 | (72코) |
| 2단 | 안 72 | (72코) |
| 3-20단 | 1-2단 9회 반복 | |
| 21단 | [겉 1, 겉 2코 모아뜨기, 겉 1] 18회 | (54코) |
| 22단 | 안 54 | (54코) |
| 23단 | 겉 54 | (54코) |
| 24단 | 안 54 | (54코) |
| 25단 | 겉 55 | (55코) |
| 26단 | 안 54 | (54코) |
| 27-32단 | 겉 54 | (54코) |
| 마무리 | 코막기 | |

치마는 옆 솔기를 꿰맨 후, 몸통에 붙인다.

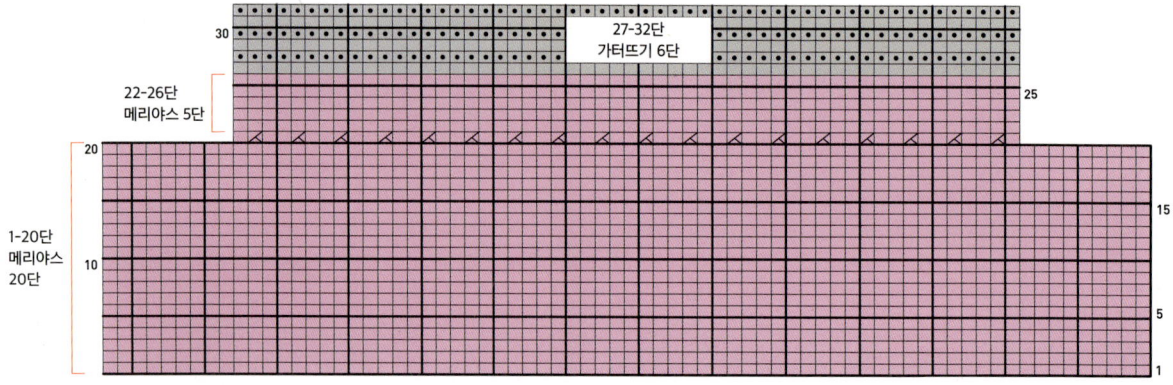

RS : 도안의 뜨개질 방향은 오른쪽에서 왼쪽이다.

## Point 13  치마 연결하기 (벨트는 치마와 같은 방법으로 연결한다.)

코모으기 방법으로 마무리한다.

   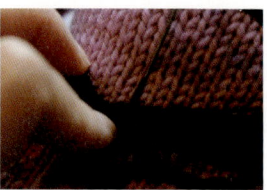

1  치마 뒤 시접에서 매듭을 짓는다. 등 중앙에서 배꼽 방향으로 통과하여 돗바늘을 뺀다.

2  배꼽 방향으로 나온 상태에서 몸통과 치마 사이에 매듭을 짓는다.

**3** 치마 아래로 돗바늘을 통과시킨다.

**4** 다시 니트 판에 매듭을 짓는다.

 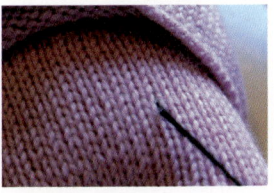 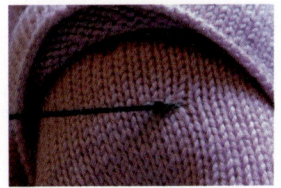 

**5** 매듭 자리로 다시 들어가 니트 판의 다른 곳으로 돗바늘을 통과시킨다.

**6** 또 매듭을 짓고 니트 판의 다른 곳으로 돗바늘을 통과시켜 실을 당겨 자른다. 이렇게 하면 실이 몸통 안으로 숨겨진다.

---

## 벨트

● 헤라 순모 002 검정

□ RS: 겉; WS: 안
⊙ RS: 안; WS: 겉

헤라 순모 002 검정 실로 시작한다.

| | | |
|---|---|---|
| **시작코** | 54코 | |
| **1-6단** | 겉 54 | (54코) |
| **마무리** | 코막기 | |

치마와 같은 방법으로 허리선에 연결한다.

1-6단
가터뜨기 6단

5

1

RS : 도안의 뜨개질 방향은 오른쪽에서 왼쪽이다.

## 스카프

○ 헤라 순모 001 백아이보리
● 헤라 순모 004 라일락

☐ RS: 겉; WS: 안
☒ WS: 오른코 중심 3코 모아뜨기
☒ RS: 겉 2코 모아뜨기; WS: 안 2코 모아뜨기

몸통 색과 같은 헤라 순모 004 라일락 실로 시작한다. 가운데 'S'자는 백아이보리 실을 사용하여 덧수로 마무리한다.

| 시작코 | 45코 | |
|---|---|---|
| 1단 | 겉 45 | (45코) |
| 2단 | 안 45 | (45코) |
| 3단 | 겉 2코 모아뜨기, 겉 41, 겉 2코 모아뜨기 | (43코) |
| 4단 | 안 2코 모아뜨기, 안 39, 안 2코 모아뜨기 | (41코) |
| 5단 | 겉 2코 모아뜨기, 겉 37, 겉 2코 모아뜨기 | (39코) |
| 6단 | 안 2코 모아뜨기, 안 35, 안 2코 모아뜨기 | (37코) |
| 7단 | 겉 2코 모아뜨기, 겉 33, 겉 2코 모아뜨기 | (35코) |
| 8단 | 안 2코 모아뜨기, 안 31, 안 2코 모아뜨기 | (33코) |
| 9단 | 겉 2코 모아뜨기, 겉 29, 겉 2코 모아뜨기 | (31코) |
| 10단 | 안 2코 모아뜨기, 안 27, 안 2코 모아뜨기 | (29코) |
| 11단 | 겉 2코 모아뜨기, 겉 25, 겉 2코 모아뜨기 | (27코) |
| 12단 | 안 2코 모아뜨기, 안 23, 안 2코 모아뜨기 | (25코) |
| 13단 | 겉 2코 모아뜨기, 겉 21, 겉 2코 모아뜨기 | (23코) |
| 14단 | 안 2코 모아뜨기, 안 19, 안 2코 모아뜨기 | (21코) |
| 15단 | 겉 2코 모아뜨기, 겉 17, 겉 2코 모아뜨기 | (19코) |
| 16단 | 안 2코 모아뜨기, 안 15, 안 2코 모아뜨기 | (17코) |
| 17단 | 겉 2코 모아뜨기, 겉 13, 겉 2코 모아뜨기 | (15코) |
| 18단 | 안 2코 모아뜨기, 안 11, 안 2코 모아뜨기 | (13코) |
| 19단 | 겉 2코 모아뜨기, 겉 9, 겉 2코 모아뜨기 | (11코) |
| 20단 | 안 2코 모아뜨기, 안 7, 안 2코 모아뜨기 | (9코) |
| 21단 | 겉 2코 모아뜨기, 겉 5, 겉 2코 모아뜨기 | (7코) |
| 22단 | 안 2코 모아뜨기, 안 3, 안 2코 모아뜨기 | (5코) |
| 23단 | 겉 2코 모아뜨기, 겉 1, 겉 2코 모아뜨기 | (3코) |
| 24단 | 오른코 중심 3코 모아뜨기 | (1코) |
| 마무리 | 실을 15cm가량 남기고 자른 후 코막기 마무리처럼 코 사이에 실을 통과시켜 마무리한다. | |

목에 스카프를 둘러 매듭짓는다.

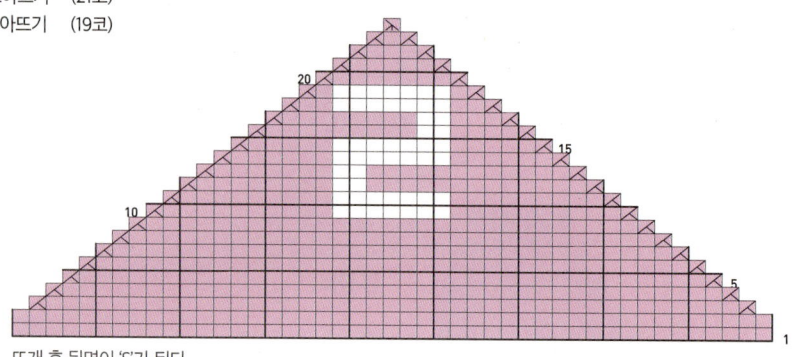

뜨개 후 뒷면이 'S'가 된다.

RS : 도안의 뜨개질 방향은 오른쪽에서 왼쪽이다.

## 꼬리

○ 헤라 순모 001 백아이보리
● 헤라 순모 004 라일락

☐ RS: 겉; WS: 안
☒ RS: 겉 2코 모아뜨기; WS: 안 2코 모아뜨기

몸통 색과 같은 헤라 순모 004 라일락 실로 코를 잡는다. 도안을 보고 실 색을 바꿔가며 뜬다.

| 시작코 | 30코 | |
|---|---|---|
| 1단 | 겉 30 | (30코) |
| 2단 | 안 30 | (30코) |
| 3-68단 | 1-2단 두 단을 33회 반복 (배색은 도안을 보며 참고한다.) | |
| 69단 | [겉 1, 겉 2코 모아뜨기] 10회 | (20코) |
| 70단 | 안 20 | (20코) |
| 71단 | 겉 2코 모아뜨기 10 | (10코) |
| 마무리 | 코모으기 | |

실을 30cm가량 남기고 자른다. 옆 솔기를 꿰맨 후, 솜을 1/2만 넣는다.

핑크는 스커트 안으로 레드는 벨트 아래로 꼬리를 붙인다.

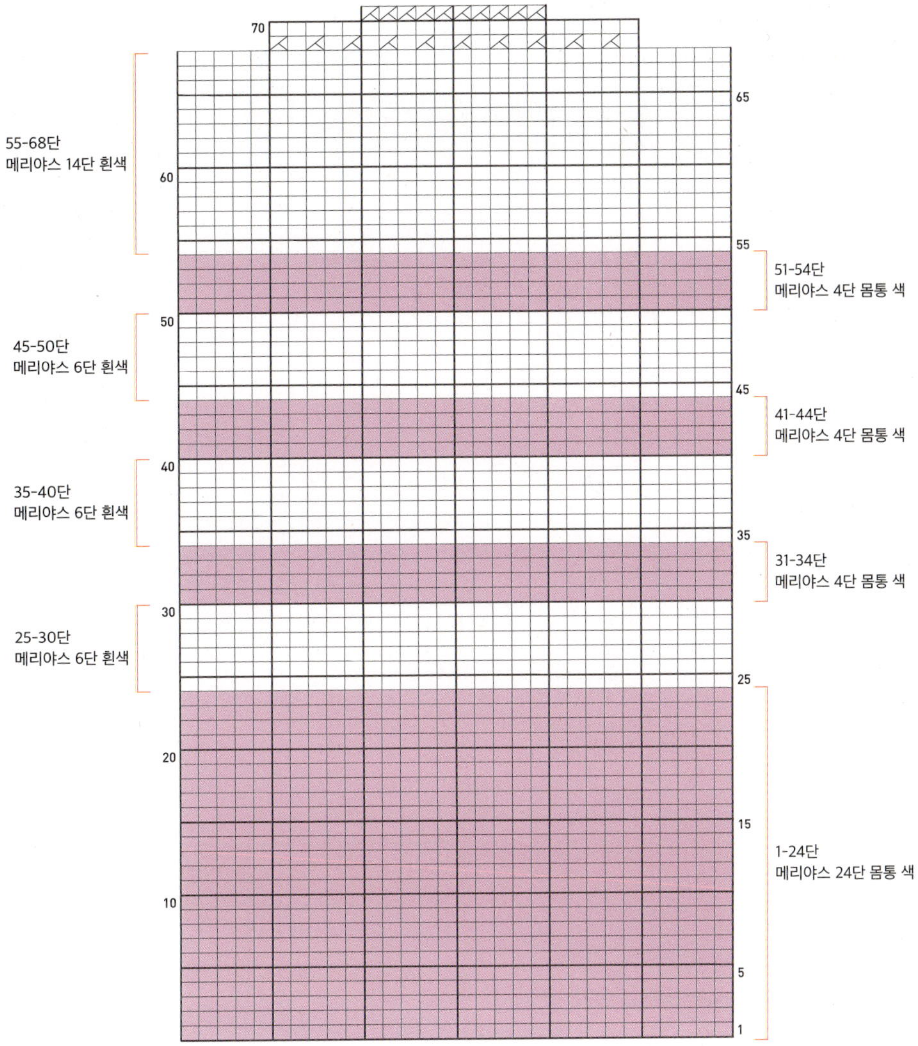

70

65

55-68단
메리야스 14단 흰색

60

55

51-54단
메리야스 4단 몸통 색

50

45-50단
메리야스 6단 흰색

45

41-44단
메리야스 4단 몸통 색

40

35-40단
메리야스 6단 흰색

35

31-34단
메리야스 4단 몸통 색

30

25-30단
메리야스 6단 흰색

25

20

1-24단
메리야스 24단 몸통 색

15

10

5

1

RS : 도안의 뜨개질 방향은 오른쪽에서 왼쪽이다.

## Point 14 꼬리 연결하기

옆 솔기를 꿰매 솜을 넣고 엉덩이에 붙인다.
치마 밑, 벨트 아래에 꼬리를 붙인다.

# 슈퍼히어로 35cm 옐로, 그린, 핑크

슈퍼히어로를 만드는 방법은 고양이 특공대와 같다. 몸통 색을 바꾸면 다양한 슈퍼히어로를 만들 수 있다. 백아이보리 실로 코를 잡고 안뜨기부터 시작하여 메리야스뜨기로 만든다.

○ 헤라 순모 001 백아이보리
● 헤라 순모 002 검정
● 헤라 순모 036 진노랑

| □ | RS: 안; WS: 겉 |
| ⊡ | RS: 겉; WS: 안 |
| ⧅ | RS: 안 1코 늘리기; WS: 겉 1코 늘리기 |
| ⧄ | RS: 안 2코 모아뜨기; WS: 겉 2코 모아뜨기 |

## 다리(오른쪽)

헤라 순모 001 백아이보리 실로 시작한다.

| 시작코 | 15코 | |
|---|---|---|
| 1단 | 안 15 | (15코) |
| 2단 | 겉 1코 늘리기 15 | (30코) |
| 3단 | 안 30 | (30코) |
| 4단 | 겉 30 | (30코) |
| 5-10단 | 3-4단 두 단을 3회 반복 | |
| 11단 | 안 30 | (30코) |
| 12단 | 겉 4, 겉 2코 모아뜨기 9, 겉 8 | (21코) |
| 13단 | 안 21 | (21코) |
| 14단 | 겉 4, 겉 2코 모아뜨기 4, 겉 9 | (17코) |
| 15단 | 안 17 | (17코) |
| 16단 | 겉 17 | (17코) |
| 17-24단 | 15-16단 두 단을 4회 반복 | |
| 25단 | 안 17 | (17코) |

검정 실로 바꾼다.

| 26-29단 | 겉 17 | (17코) |

진노랑 실로 바꾼다.

| 30단 | 겉 17 | (17코) |
| 31단 | 안 17 | (17코) |
| 32단 | 겉 17 | (17코) |
| 33-42단 | 31-32단 두 단을 5회 반복 | |
| 33단 | 안 17 | (17코) |
| 마무리 | 코막기를 하지 않고 실을 30cm가량 남긴 후 자른다. | |

바늘에 편물을 걸어 놓은 상태에서 반대편 바늘에서 코를 잡고 왼쪽 다리를 시작한다.

30-43단
메리야스 14단

26-29단
가터뜨기 4단

15-25단
메리야스 11단

3-11단
메리야스 9단

WS : 도안의 뜨개질 방향은 왼쪽에서 오른쪽이다.

○ 헤라 순모 001 백아이보리
● 헤라 순모 002 검정
● 헤라 순모 004 라일락

| | RS: 안; WS: 겉 |
|---|---|
| ⊡ | RS: 겉; WS: 안 |
| | RS: 안 1코 늘리기; WS: 겉 1코 늘리기 |
| | RS: 안 2코 모아뜨기; WS: 겉 2코 모아뜨기 |

## 다리(왼쪽)

오른쪽 다리를 끝낸 바늘의 반대편 바늘에 백아이보리 실로 시작코를 잡는다. 안뜨기부터 시작하여 메리야스뜨기로 한다.

| 시작코 | 15코 | |
|---|---|---|
| 1단 | 안 15 | (15코) |
| 2단 | 겉 1코 늘리기 15 | (30코) |
| 3단 | 안 30 | (30코) |
| 4단 | 겉 30 | (30코) |
| 5-10단 | 3-4단 두 단을 3회 반복 | |
| 11단 | 안 30 | (30코) |
| 12단 | 겉 8, 겉 2코 모아뜨기 9, 겉 4 | (21코) |
| 13단 | 안 21 | (21코) |
| 14단 | 겉 9, 겉 2코 모아뜨기 4, 겉 4 | (17코) |
| 15단 | 안 17 | (17코) |
| 16단 | 겉 17 | (17코) |
| 17-24단 | 15-16단 두 단을 4회 반복 | |
| 25단 | 안 17 | (17코) |

검정 실로 바꾼다.

| 26-29단 | 겉 17 | (17코) |
|---|---|---|

진노랑 실로 바꾼다.

| 30단 | 겉 17 | (17코) |
|---|---|---|
| 31단 | 안 17 | (17코) |
| 32단 | 겉 17 | (17코) |
| 33-42단 | 31-32단 두 단을 10회 반복 | |
| 33단 | 안 17 | (17코) |
| 마무리 | 실을 자르지 않고, 왼쪽 다리와 오른쪽 다리를 연결하며 몸통을 뜬다. 이때, 오른쪽 다리와 왼쪽 다리의 시작코와 끝코에 다른 색실로 마킹을 한다. | |

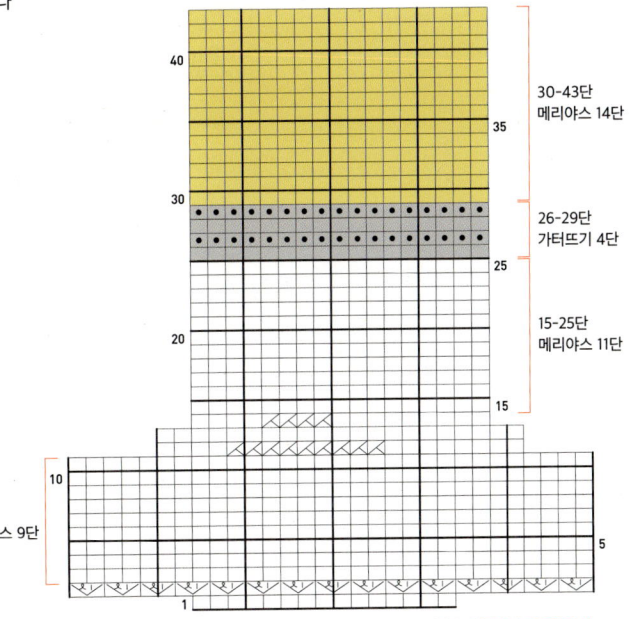

30-43단
메리야스 14단

26-29단
가터뜨기 4단

15-25단
메리야스 11단

3-11단
메리야스 9단

WS : 도안의 뜨개질 방향은 왼쪽에서 오른쪽이다.

☐ RS: 겉; WS: 안
▣ RS: 안; WS: 겉
☒ RS: 겉 1코 늘리기; WS: 안 1코 늘리기
☒ RS: 겉 2코 모아뜨기; WS: 안 2코 모아뜨기

## 몸 + 머리

오른쪽 다리, 왼쪽 다리 각각의 시작코와 끝코를 마킹한 후, 두 다리를 연결해서 몸통을 뜬다. 첫 단을 뜰 때 오른쪽 다리부터 겉뜨기를 시작해서 왼쪽 다리까지 연결해서 겉뜨기를 한다. 얼굴 중앙의 가면 부분은 검정 실로 가터뜨기를 한다.

| 44단 | 겉 34 | (34코) |
|---|---|---|
| 45단 | 안 34 | (34코) |
| 46-73단 | 44-45단 두 단을 14회 반복 | |
| 74단 | 겉 1, [겉 2, 겉 2코 모아뜨기] 8회, 겉 1 | (26코) |
| 75단 | 안 26 | (26코) |
| 76단 | [겉 1, 겉 1코 늘리기] 13회 | (39코) |
| 77단 | 안 39 | (39코) |
| 78단 | 겉 39 | (39코) |
| 79단 | 안 39 | (39코) |
| 80-83단 | 78-79단 두 단을 4회 반복 | |
| 84단 | (몸통 색실) 겉 11, (검정 실) 겉 17, (몸통 색실) 겉 11 | (39코) |
| 85단 | (몸통 색실) 안 11, (검정 실) 겉 17, (몸통 색실) 안 11 | (39코) |
| 86-97단 | 84-85단 두 단을 6회 반복 | |
| 98단 | 겉 39 | (39코) |
| 99단 | 안 39 | (39코) |
| 100단 | 겉 39 | (39코) |
| 101단 | 안 39 | (39코) |
| 102단 | [겉 3, 겉 2코 모아뜨기] 7회, 겉 4 | (32코) |
| 103단 | 안 32 | (32코) |
| 104단 | [겉 2, 겉 2코 모아뜨기] 8회 | (24코) |
| 105단 | 안 24 | (24코) |
| 106단 | [겉 1, 겉 2코 모아뜨기] 8회 | (16코) |
| 107단 | 안 16 | (16코) |
| 108단 | 겉 2코 모아뜨기 8 | (8코) |
| 마무리 | 코모으기 | |

뜨개가 완성되면 정수리부터 코모으기 후, 옆 솔기를 꿰맨다.
옆 솔기를 꿰맬 때는 목선에서 5cm가량 내려온 부분까지 꿰맨다.
발바닥에서부터 몸통 방향으로 창구멍 5cm가량 남기고 꿰맨다.
창구멍으로 솜을 넣은 후 창구멍을 막는다.
목선을 바느질로 조인다.
Point 3을 참고하여 다리에서 몸통으로 이어서 뜬다.
Point 4, 5, 6, 7, 8 과정을 참고하여 슈퍼히어로 몸통을 마무리한다.

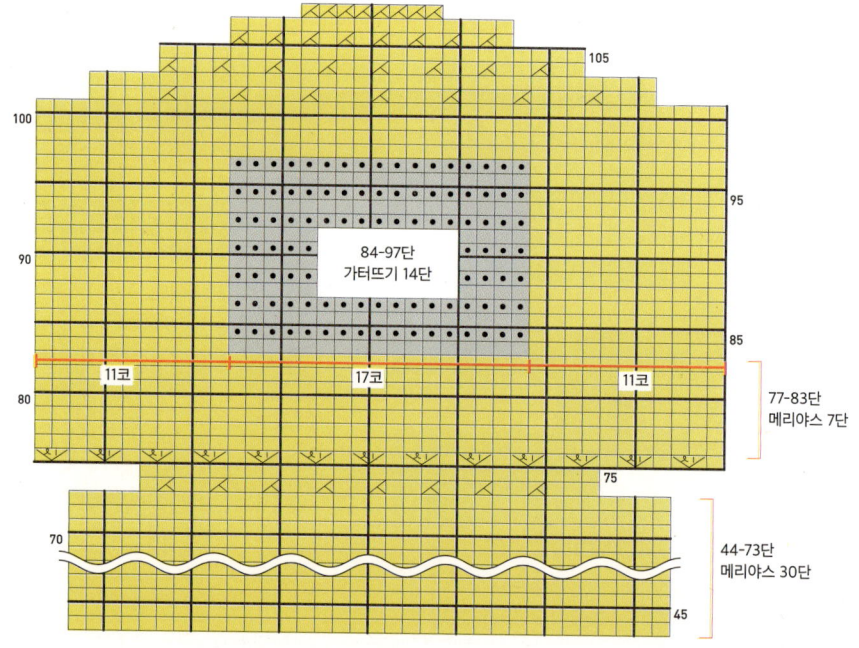

84-97단
가터뜨기 14단

11코   17코   11코

77-83단
메리야스 7단

44-73단
메리야스 30단

○ 헤라 순모 001 백아이보리　　　☐ RS: 겉; WS: 안
● 헤라 순모 002 검정　　　⊡ RS: 안; WS: 겉
● 헤라 순모 036 진노랑　　　⊠ RS: 겉 2코 모아뜨기; WS: 안 2코 모아뜨기

## 팔(2장)

몸통 색실 헤라 순모 036 진노랑 실로 시작한다.

| | | |
|---|---|---|
| **시작코** | 15코 | |
| **1단** | 겉 15 | (15코) |
| **2단** | 안 15 | (15코) |
| **3-20단** | 1-2단 두 단을 9회 반복 | |
| 검정 실로 바꾼다. | | |
| **21-24단** | 겉 15 | (15코) |
| 백아이보리 실로 바꾼다. | | |
| **25단** | 겉 15 | (15코) |
| **26단** | 안 15 | (15코) |
| **27단** | [겉 1, 겉 2코 모아뜨기] 5 | (10코) |
| **28단** | 안 10 | (10코) |
| **29단** | 겉 10 | (10코) |
| **30-33단** | 28-29단 두 단을 2회 반복 | |
| **34단** | 안 10 | (10코) |
| **35단** | 겉 2코 모아뜨기 5 | (5코) |
| **마무리** | 코모으기 | |

실을 30cm가량 남기고 자른다. 옆 솔기를 꿰맨 후, 솜을 1/2만 넣는다.

Point 9, 10, 11 과정을 참고하여 팔을 마무리하고 몸통에 연결한다.

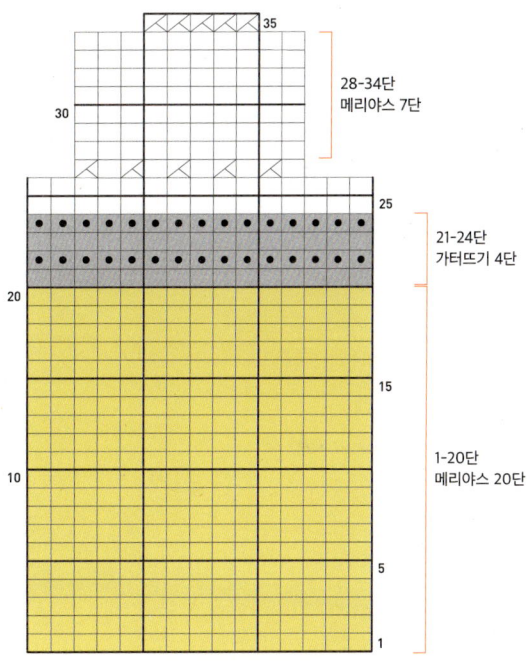

28-34단
메리야스 7단

21-24단
가터뜨기 4단

1-20단
메리야스 20단

RS : 도안의 뜨개질 방향은 오른쪽에서 왼쪽이다.

## 치마(여)

● 헤라 순모 002 검정
● 헤라 순모 036 진노랑

□ RS: 겉; WS: 안
⊡ RS: 안; WS: 겉
◩ RS: 겉 2코 모아뜨기; WS: 안 2코 모아뜨기

몸통 색실 헤라 순모 036 진노랑 실로 시작한다.

| | | |
|---|---|---|
| **시작코** | 48코 | |
| **1단** | 겉 48 | (48코) |
| **2단** | 안 48 | (48코) |
| **3-10단** | 1-2단 두 단을 4회 반복 | |
| **11단** | [겉 1, 겉 2코 모아뜨기, 겉 1] 12 | (36코) |
| **12단** | 안 36 | (36코) |
| **13단** | 겉 36 | (36코) |
| **14단** | 안 36 | (36코) |
| **검정 실로 바꾼다.** | | |
| **15-18단** | 겉 36 | (36코) |
| **마무리** | 코막기 | |

치마는 옆 솔기를 꿰맨 후, 몸통에 붙인다.

Point 13을 참고하여 치마를 허리선에 붙인다.

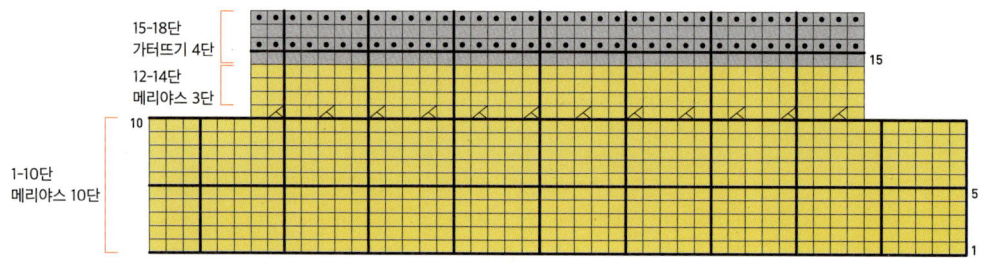

15-18단
가터뜨기 4단

12-14단
메리야스 3단

1-10단
메리야스 10단

RS : 도안의 뜨개질 방향은 오른쪽에서 왼쪽이다.

## 벨트(남)

● 헤라 순모 002 검정

□ RS: 겉; WS: 안
⊡ RS: 안; WS: 겉

헤라 순모 002 검정 실로 시작한다.

| | | |
|---|---|---|
| **시작코** | 34코 | |
| **1-4단** | 겉 34 | (34코) |
| **마무리** | 코막기 | |

완성한 벨트를 허리선에 붙인다.

1-4단
가터뜨기 4단

RS : 도안의 뜨개질 방향은 오른쪽에서 왼쪽이다.

○ 헤라 순모 001 백아이보리
● 헤라 순모 036 진노랑

☐ RS: 겉; WS: 안
☒ WS: 오른코 중심 3코 모아뜨기
☒ RS: 겉 2코 모아뜨기; WS: 안 2코 모아뜨기

## 스카프

몸통 색실 헤라 순모 036 진노랑 실로 시작한다. 가운데 'S'자는 백아이보리 실을 사용하여 덧수로 마무리한다.

| | | |
|---|---|---|
| 시작코 | 35코 | |
| 1단 | 겉 35 | (35코) |
| 2단 | 안 35 | (35코) |
| 3단 | 겉 2코 모아뜨기, 겉 31, 겉 2코 모아뜨기 | (33코) |
| 4단 | 안 2코 모아뜨기, 안 29, 안 2코 모아뜨기 | (31코) |
| 5-18단 | 3-4단 두 단을 7회 반복 | (3코) |
| 19단 | 오른코 중심 3코 모아뜨기 | (1코) |
| 마무리 | 실을 15cm가량 남기고 자른 후, 코막기의 마무리 처럼 코 사이에 실을 통과시켜 마무리한다. | |

목에 스카프를 둘러 매듭짓는다.

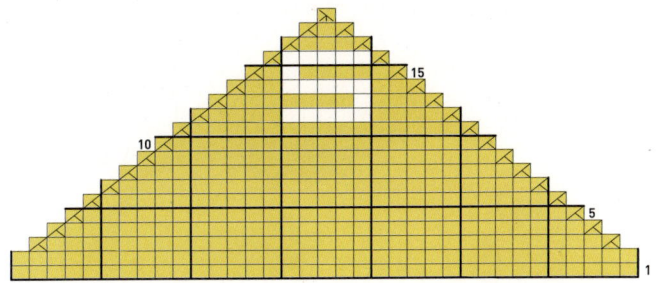

RS : 도안의 뜨개질 방향은 오른쪽에서 왼쪽이다.

손목을 부탁해

# 마우스 손목보호대

장시간 컴퓨터 앞에서 일하는 현대인의 고통 중 하나인 손목터널증후군. 그래서 필수용품처럼 되어버린 마우스 손목보호대를 따뜻한 감성으로 만들어 보았습니다. 손목에 깔린 귀여운 동물의 모습이 우습기도 하지만 우리가 짊어지고 있는 삶의 무게일 수도 있습니다. 사랑하는 사람의 손목을 보호해 주세요.

# 코끼리, 고양이, 토끼, 얼룩말 마우스 손목보호대

**사이즈**　15 × 7cm

**준비물**

**바늘** 3.0mm 줄바늘

**실** 빈센트 3P (두 올을 합사하여 사용한다.)

**코끼리** 2767 그레이 스카이 (40g), 2731 흰색 (20g), 2735 검정 (스티치용 소량)

**고양이** 2731 흰색 (40g), 2735 검정 (20g)

**얼룩말** 2731 흰색 (30g), 2766 파스텔블루 (30g), 2735 검정 (스티치용 소량)

**토끼** 2785 브라이트 핑크 (40g), 2731 흰색 (20g), 2744 딥바이올렛 (스티치용 소량)

**기타재료** 구름솜, 겹자, 니트핀, 돗바늘, 와이어, PVC 테이프

**만들기 순서**

### 코끼리
01 몸통에 창구멍을 남기고 옆 솔기를 꿰맨다.
02 솜을 채우고 창구멍을 막는다.
03 코에 와이어를 끼우고, 옆 솔기를 꿰맨 후, 솜을 채운다.
04 귀 옆 솔기를 꿰맨 후, 머리 양쪽에 붙인다.
05 꼬리 옆 솔기를 꿰매고 와이어를 넣는다.
06 머리와 꼬리를 다리 사이에 붙인다.
07 수를 놓아 눈을 만든다.

### 고양이, 토끼
01 몸통에 창구멍을 남기고 옆 솔기를 꿰맨다.
02 솜을 채우고 창구멍을 막는다.
03 머리 옆 솔기를 꿰매고 솜을 채운다.
04 귀 옆 솔기를 꿰매고 머리에 붙인다.
05 꼬리 옆 솔기를 꿰매고 와이어를 넣는다.
06 머리와 꼬리를 다리 사이에 붙인다.
07 수를 놓아 눈을 만든다.

### 얼룩말
01 몸통에 창구멍을 남기고 옆 솔기를 꿰맨다.
02 솜을 채우고 창구멍을 막는다.
03 입 옆 솔기를 'T'자 모양이 되도록 꿰맨 후, 솜을 채운다.
04 귀를 각각 반으로 접어 3단을 꿰맨 후, 머리에 붙인다.
05 갈기 옆 솔기를 꿰맨 후, 솜을 넣고 머리에 붙인다.
06 실을 당겨가며 볼륨감이 있게 갈기 모양을 잡는다.
07 꼬리 옆 솔기를 꿰매고 와이어를 넣는다.
08 머리와 꼬리를 다리 사이에 붙인다.
09 수를 놓아 눈을 만든다.

## 몸통 공통

A → B → C → D → E 순서로 몸통을 바느질한다. 창구멍에 솜을 넣은 다음 창구멍 F를 바느질한다.

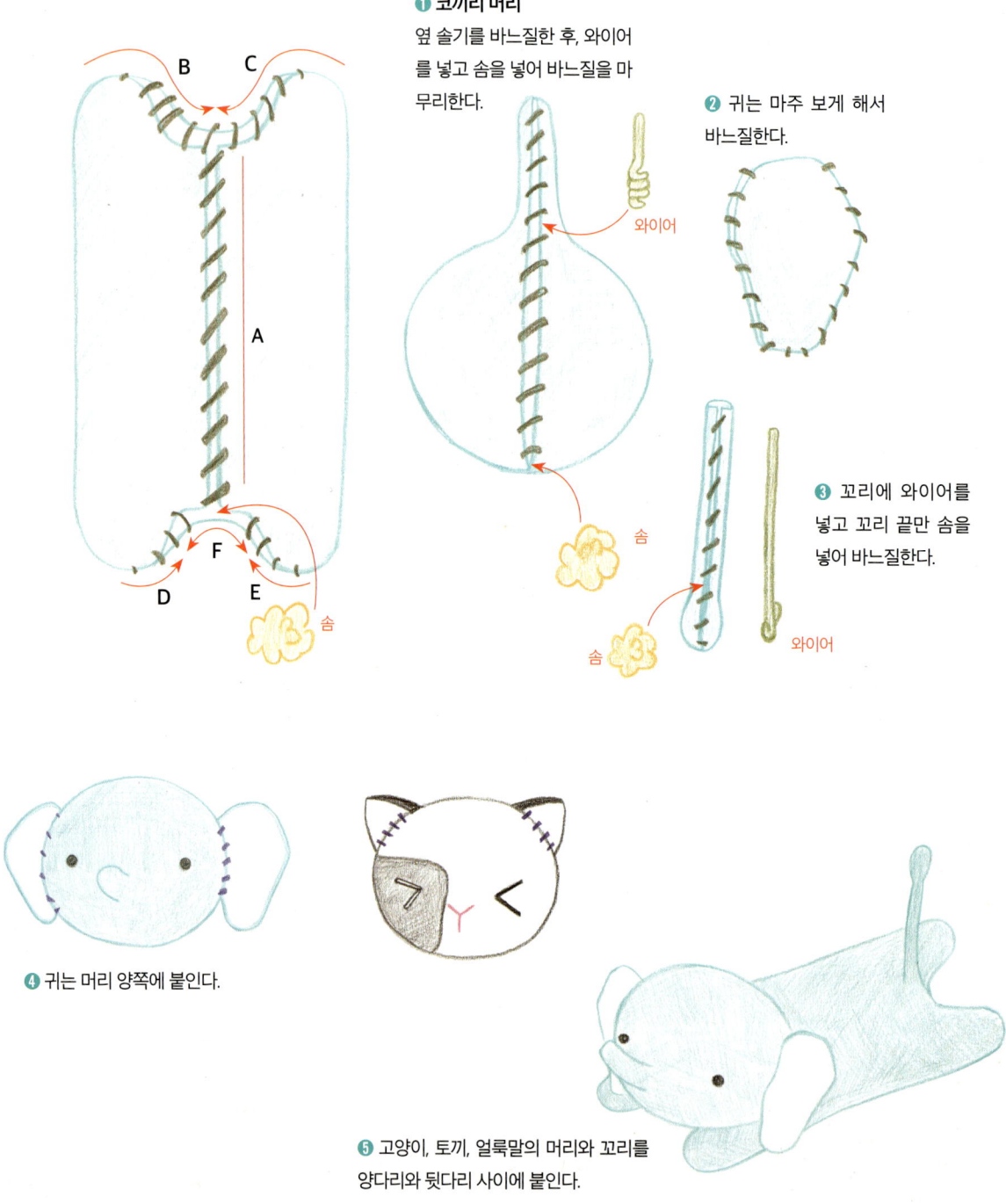

**❶ 코끼리 머리**
옆 솔기를 바느질한 후, 와이어를 넣고 솜을 넣어 바느질을 마무리한다.

와이어

**❷ 귀는 마주 보게 해서 바느질한다.**

솜

**❸ 꼬리에 와이어를 넣고 꼬리 끝만 솜을 넣어 바느질한다.**

솜

와이어

솜

**❹ 귀는 머리 양쪽에 붙인다.**

**❺ 고양이, 토끼, 얼룩말의 머리와 꼬리를 양다리와 뒷다리 사이에 붙인다.**

## 얼룩말

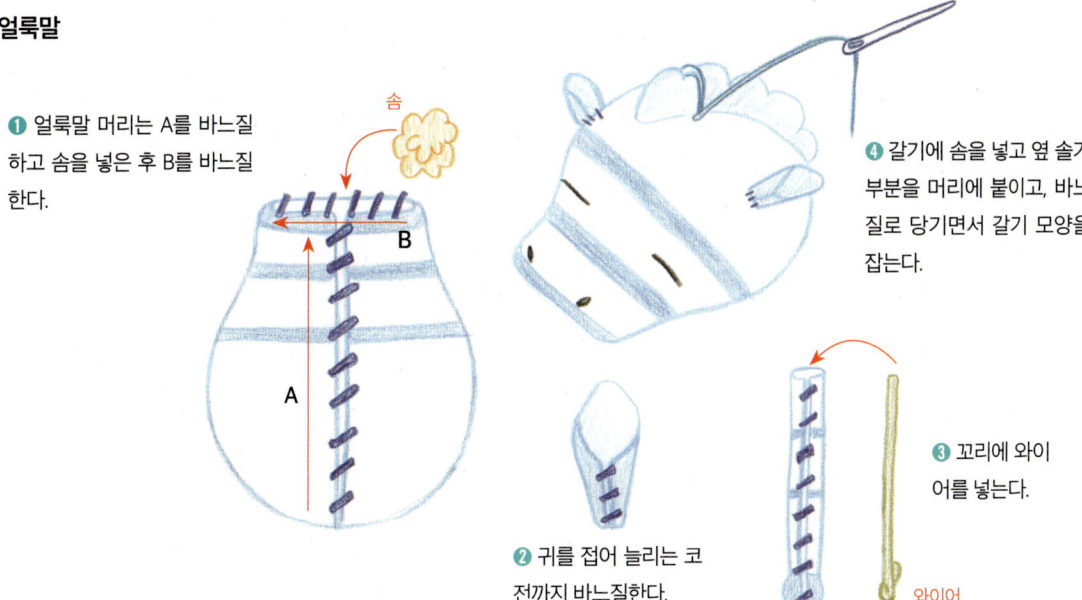

❶ 얼룩말 머리는 A를 바느질 하고 솜을 넣은 후 B를 바느질 한다.

솜

B

A

❹ 갈기에 솜을 넣고 옆 솔기 부분을 머리에 붙이고, 바느 질로 당기면서 갈기 모양을 잡는다.

❷ 귀를 접어 늘리는 코 전까지 바느질한다.

❸ 꼬리에 와이 어를 넣는다.

와이어

## 토끼, 고양이 머리 공통

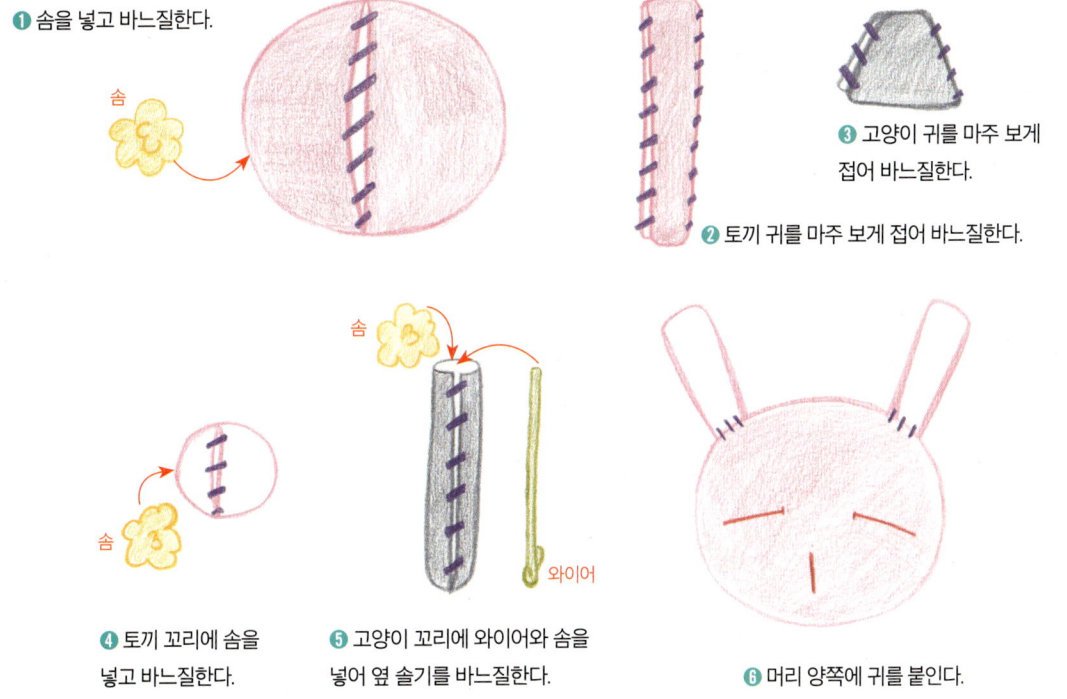

❶ 솜을 넣고 바느질한다.

솜

❸ 고양이 귀를 마주 보게 접어 바느질한다.

❷ 토끼 귀를 마주 보게 접어 바느질한다.

솜

솜

와이어

❹ 토끼 꼬리에 솜을 넣고 바느질한다.

❺ 고양이 꼬리에 와이어와 솜을 넣어 옆 솔기를 바느질한다.

❻ 머리 양쪽에 귀를 붙인다.

# 코끼리

## 뒷다리(2장)

| | | |
|---|---|---|
| | ● 빈센트 3P 2767 그레이 스카이 | □ RS: 겉; WS: 안 |
| | | ☒ RS: 겉 1코 늘리기; WS: 안 1코 늘리기 |

빈센트 3P 2767 그레이 스카이 두 올을 합사해서 시작한다.

| 시작코 | 10코 | |
|---|---|---|
| 1단 | 겉 10 | (10코) |
| 2단 | 안 10 | (10코) |
| 3단 | [겉 1, 겉 1코 늘리기] 5회 | (15코) |
| 4단 | 안 15 | (15코) |
| 5단 | 겉 15 | (15코) |
| 6단 | 안 15 | (15코) |
| 7-12단 | 5-6단 두 단을 3회 반복 | |
| 마무리 | 코막기를 하지 않고 실을 30cm가량 남긴 후 자른다. | |

바늘에 편물을 걸어 놓은 상태에서 왼쪽 다리를 시작한 바늘에 시작코를 10코 잡고 오른쪽 다리를 하나 더 만든다.

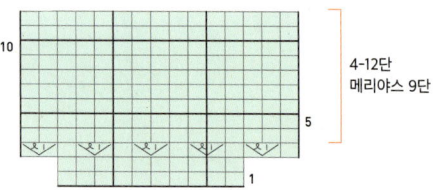

## 몸통 + 앞다리(오른쪽)

| | | |
|---|---|---|
| | | □ RS: 겉; WS: 안 |
| | ● 빈센트 3P 2767 그레이 스카이 | ☑ 감아코 만들기 |
| | | □ 코막기 |

뒷다리 2장을 바늘에 걸어 놓은 상태에서 몸통을 뜨기 시작한다. (Point 1 참고)

| 13단 | 감아코 만들기 3, 겉 15, 감아코 만들기 4, 겉 15 | (37코) |
|---|---|---|
| 14단 | 감아코 만들기 3, 안 37 | (40코) |
| 15단 | 겉 40 | (40코) |
| 16단 | 안 40 | (40코) |
| 17-50단 | 15-16단 두 단을 17회 반복 | |
| 51단 | 코막기 4, 겉 13 | (13코) |

뒤집어서 51단의 13코만 작업한다.

| 52단 | 안 13 | (13코) |
|---|---|---|
| 53단 | 겉 13 | (13코) |
| 54단 | 안 13 | (13코) |
| 55-62단 | 53-54단 두 단을 4회 반복 | |
| 마무리 | 실을 30cm가량 자른 후, 돗바늘로 코 사이를 통과하여 코모으기를 한다. | |

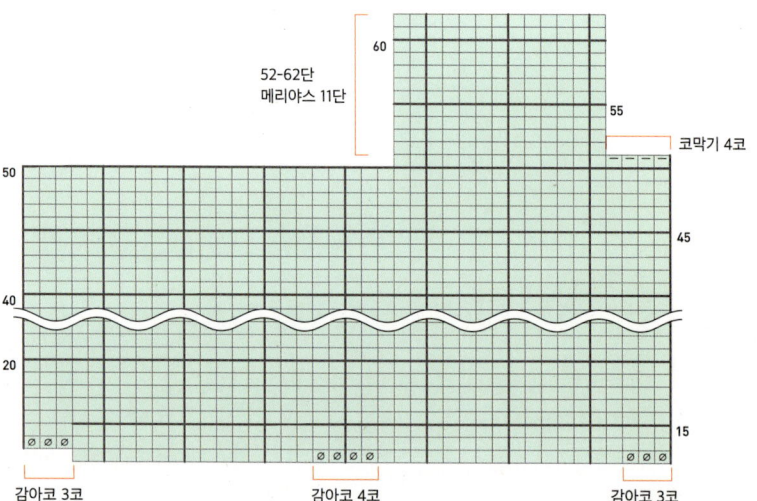

**Point 1** 감아코 늘리는 위치

표시된 곳을 Point 2-1, 2-2, 2-3을 참고하여 각각 감아코로 늘린다.

**Point 2-1** 오른쪽 감아코 만들기

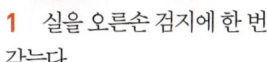

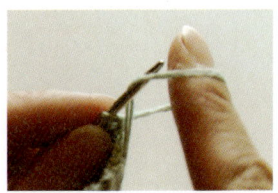

**1** 실을 오른손 검지에 한 번 감는다.

**2** 감은 실 사이로 바늘을 넣는다.

**3** 검지를 빼고 실을 당겨 감아코를 만든다.

**Point 2-2** 몸통 중앙 감아코 만들기

양쪽 다리 사이에 들어갈 감아코이다. 첫 번째 다리를 뜨개 후, 감아코 4코를 만들고 나머지 한쪽 다리를 뜬다.

**1** 실을 왼손 검지에 한 번 감는다.

**2** 감은 실 사이로 오른쪽 바늘을 넣는다. 그 상태에서 실을 당겨 감아코를 만든다. 4회 반복한다.

**3** 남은 다리 한쪽을 겉뜨기로 끝까지 뜬다.

**Point 2-3** 왼쪽 감아코 만들기

**1** 편물을 뒤집어 안뜨기에서 오른손 검지에 실을 감는다.

**2** 감은 실 사이로 바늘을 넣는다. 그 상태에서 실을 당겨 감아코를 만든다.

**Point 3** 감아코 완성된 사진

몸통과 오른쪽 앞다리를 이어서 뜬다.

## 앞다리(왼쪽)

● 빈센트 3P 2767 그레이 스카이    □ 코막기

두 올을 합사한 실을 새로 걸고 시작한다. (Point 4 참고)

| | | |
|---|---|---|
| 51단 | 코막기 6코, 겉 17 | (17코) |
| 52단 | 코막기 4코, 안 13 | (13코) |
| 53단 | 겉 13 | (13코) |
| 54단 | 안 13 | (13코) |
| 55-62단 | 53-54단 두 단을 4회 반복 | |
| 마무리 | 실을 30cm가량 자른 후, 돗바늘로 코 사이를 통과하여 코모으기를 한다. | |

조합 도면을 참고하여 창구멍을 남기고 네 개의 다리와 몸통을 꿰맨다.

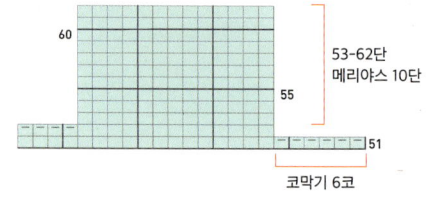

53-62단
메리야스 10단

코막기 6코

---

Point 4  **왼쪽 앞다리 시작하기**

새로운 실을 걸어서 나머지 다리를 작업한다.

**1** 오른쪽 앞다리까지 완성한 모습.

**2** 왼쪽 앞다리를 시작하기 위해 새로운 실을 시작할 코에 묶는다.

**3** 코막기 6코를 하고 뜨기 시작한다.

---

Point 5  **몸통 마무리하기**

**1** 왼쪽 앞다리를 코모으기로 마무리하고 창구멍을 남긴 채 옆 솔기를 꿰맨다.

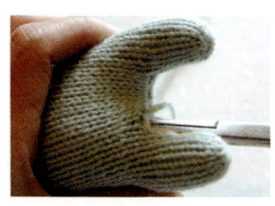

**2** 창구멍에 솜을 넣은 뒤 막는다.

## 머리

| | | |
|---|---|---|
| ☐ | RS: 겉; WS: 안 | |
| ◹ | RS: 겉 1코 늘리기; WS: 안 1코 늘리기 | |
| ◺ | RS: 겉 2코 모아뜨기; WS: 안 2코 모아뜨기 | |

빈센트 3P 2767 그레이 스카이 두 올을 합사하여 시작한다.

| | | |
|---|---|---|
| 시작코 | 8코 | |
| 1단 | 겉 8 | (8코) |
| 2단 | 안 8 | (8코) |
| 3단 | 겉 1코 늘리기 8 | (16코) |
| 4단 | 안 16 | (16코) |
| 5단 | [겉 1, 겉 1코 늘리기] 8회 | (24코) |
| 6단 | 안 24 | (24코) |
| 7단 | [겉 1, 겉 1코 늘리기, 겉 1] 8회 | (32코) |
| 8단 | 안 32 | (32코) |
| 9단 | [겉 2, 겉 1코 늘리기, 겉 1] 8회 | (40코) |
| 10단 | 안 40 | (40코) |
| 11단 | 겉 40 | (40코) |
| 12단 | 안 40 | (40코) |
| 13단 | [겉 2, 겉 1코 늘리기, 겉 2] 8회 | (48코) |
| 14단 | 안 48 | (48코) |
| 15단 | 겉 48 | (48코) |
| 16단 | 안 48 | (48코) |
| 17단 | [겉 3, 겉 1코 늘리기, 겉 2] 8회 | (56코) |
| 18단 | 안 56 | (56코) |
| 19-24단 | 메리야스 6 단 | (56코) |
| 25단 | {[겉3, 겉 2코 모아뜨기] 5회, 겉3} 2회 반복 | (46코) |
| 26단 | 안 46 | (46코) |
| 27단 | 겉 46 | (46코) |
| 28단 | 안 46 | (46코) |
| 29단 | 겉 17, 겉 2코 모아뜨기 6, 겉 17 | (40코) |
| 30단 | 안 40 | (40코) |

| | | |
|---|---|---|
| 31단 | [겉 2, 겉 2코 모아뜨기, 겉 1] 8회 | (32코) |
| 32단 | 안 32 | (32코) |
| 33단 | [겉 1, 겉 2코 모아뜨기, 겉 1] 8회 | (24코) |
| 34단 | 안 24 | (24코) |
| 35단 | [겉 1, 겉 2코 모아뜨기] 8회 | (16코) |
| 36단 | 안 16 | (16코) |
| 37단 | 겉 16 | (16코) |
| 38단 | 안 16 | (16코) |
| 39단 | 겉 2코 모아뜨기 8 | (8코) |
| 40단 | 안 8 | (8코) |
| 41-54단 | 메리야스 14단 | |
| 마무리 | 실을 30cm가량 자른 후, 돗바늘로 코 사이를 통과하여 코모으기를 한다. | |

코 부분만 먼저 꿰맨 후, 와이어를 넣는다. (Point 6참고)

머리 뒤통수 첫 단까지 옆 솔기를 꿰맨 후, 구멍에 겸자로 솜을 넣고, 돗바늘로 시작코 사이에 바늘을 통과시켜 구멍을 모아 조인다.

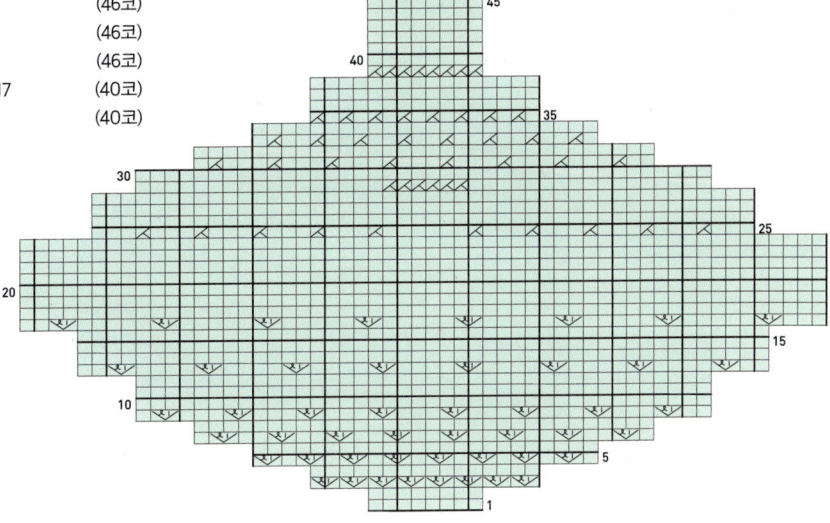

---

**Point 6  코끼리 코에 와이어 넣기**

**1**  펜을 사용해 와이어를 구부린다.

**2**  코 부분만 먼저 옆 솔기로 꿰매고 와이어를 넣은 다음 나머지 옆 솔기로 꿰맨다.

## 귀(왼쪽)

| | ● 빈센트 3P 2767 그레이 스카이 | | □ RS: 겉; WS: 안 |
| --- | --- | --- | --- |
| | ○ 빈센트 3P 2731 흰색 | | ⊠ RS: 겉 1코 늘리기; WS: 안 1코 늘리기 |
| | | | ⊠ RS: 왼코 겹치기 |

빈센트 3P 2731 흰색 두 올을 합사하여 시작한다.

| 시작코 | 6코 | |
| --- | --- | --- |
| 1단 | 겉 6 | (6코) |
| 2단 | 안 6 | (6코) |
| 3단 | 겉 1코 늘리기, 겉 4, 겉 1코 늘리기 | (8코) |
| 4단 | 안 8 | (8코) |
| 5단 | 겉 1코 늘리기, 겉 6, 겉 1코 늘리기 | (10코) |
| 6단 | 안 10 | (10코) |
| 7단 | 겉 1코 늘리기, 겉 9 | (11코) |
| 8단 | 안 11 | (11코) |
| 9단 | 겉 1코 늘리기, 겉 10 | (12코) |
| 10단 | 안 12 | (12코) |
| 11단 | 겉 1코 늘리기, 겉 10, 겉 1코 늘리기 | (14코) |
| 12단 | 안 14 | (14코) |
| 13단 | 겉 13, 겉 1코 늘리기 | (15코) |
| 14단 | 안 15 | (15코) |
| 15-18단 | 메리야스 4단 | |
| 19단 | 겉 2코 모아뜨기, 겉 11, 겉 2코 모아뜨기 | (13코) |
| 20단 | 안 2코 모아뜨기, 안 9, 안 2코 모아뜨기 | (11코) |
| 21단 | 겉 2코 모아뜨기, 겉 7, 겉 2코 모아뜨기 | (9코) |
| 22단 | 안 2코 모아뜨기, 안 5, 안 2코 모아뜨기 | (7코) |
| 23단 | 겉 2코 모아뜨기, 겉 3, 겉 2코 모아뜨기 | (5코) |

그레이 스카이 실로 바꾼다. (두 올 합사)

| 24단 | 안 5 | (5코) |
| --- | --- | --- |
| 25단 | 겉 1코 늘리기, 겉 3, 겉 1코 늘리기 | (7코) |
| 26단 | 안 1코 늘리기, 안 5, 안 1코 늘리기 | (9코) |
| 27단 | 겉 1코 늘리기, 겉 7, 겉 1코 늘리기 | (11코) |
| 28단 | 안 1코 늘리기, 안 9, 안 1코 늘리기 | (13코) |
| 29단 | 겉 1코 늘리기, 겉 11, 겉 1코 늘리기 | (15코) |
| 30단 | 안 15 | (15코) |
| 31-34단 | 메리야스 4단 | |
| 35단 | 겉 13, 겉 2코 모아뜨기 | (14코) |
| 36단 | 안 14 | (14코) |
| 37단 | 겉 2코 모아뜨기, 겉 10, 겉 2코 모아뜨기 | (12코) |
| 38단 | 안 12 | (12코) |
| 39단 | 겉 2코 모아뜨기, 겉 10 | (11코) |
| 40단 | 안 11 | (11코) |
| 41단 | 겉 2코 모아뜨기, 겉 9 | (10코) |
| 42단 | 안 10 | (10코) |
| 43단 | 겉 2코 모아뜨기, 겉 6, 겉 2코 모아뜨기 | (8코) |
| 44단 | 안 8 | (8코) |
| 45단 | 겉 2코 모아뜨기, 겉 4, 겉 2코 모아뜨기 | (6코) |
| 46단 | 안 6 | (6코) |
| 47단 | 겉 6 | (6코) |
| 마무리 | 코막기 | |

귀를 겉면에 보이게 반으로 접어 삼면의 솔기를 조합 도면과 같이
꿰맨다.

● 빈센트 3P 2767 그레이 스카이    ☐ RS: 겉; WS: 안
○ 빈센트 3P 2731 흰색    ☒ RS: 겉 1코 늘리기; WS: 안 1코 늘리기
                   ☒ RS: 겉 2코 모아뜨기; WS: 안 2코 모아뜨기

## 귀(오른쪽)

빈센트 3P 2767 그레이 스카이 실 두 올을 합사하여 시작한다.

| | | |
|---|---|---|
| 시작코 | 6코 | |
| 1단 | 겉 6 | (6코) |
| 2단 | 안 6 | (6코) |
| 3단 | 겉 1코 늘리기, 겉 4, 겉 1코 늘리기 | (8코) |
| 4단 | 안 8 | (8코) |
| 5단 | 겉 1코 늘리기, 겉 6, 겉 1코 늘리기 | (10코) |
| 6단 | 안 10 | (10코) |
| 7단 | 겉 1코 늘리기, 겉 9 | (11코) |
| 8단 | 안 11 | (11코) |
| 9단 | 겉 1코 늘리기, 겉 10 | (12코) |
| 10단 | 안 12 | (12코) |
| 11단 | 겉 1코 늘리기, 겉 10, 겉 1코 늘리기 | (14코) |
| 12단 | 안 14 | (14코) |
| 13단 | 겉 13, 겉 1코 늘리기 | (15코) |
| 14단 | 안 15 | (15코) |
| 15-18단 | 메리야스 4단 | |
| 19단 | 겉 2코 모아뜨기, 겉 11, 겉 2코 모아뜨기 | (13코) |
| 20단 | 안 2코 모아뜨기, 안 9, 안 2코 모아뜨기 | (11코) |
| 21단 | 겉 2코 모아뜨기, 겉 7, 겉 2코 모아뜨기 | (9코) |
| 22단 | 안 2코 모아뜨기, 안 5, 안 2코 모아뜨기 | (7코) |
| 23단 | 겉 2코 모아뜨기, 겉 3, 겉 2코 모아뜨기 | (5코) |

흰색 실로 바꾼다. (두 올 합사)

| | | |
|---|---|---|
| 24단 | 안 5 | (5코) |
| 25단 | 겉 1코 늘리기, 겉 3, 겉 1코 늘리기 | (7코) |
| 26단 | 안 1코 늘리기, 안 5, 안 1코 늘리기 | (9코) |
| 27단 | 겉 1코 늘리기, 겉 7, 겉 1코 늘리기 | (11코) |
| 28단 | 안 1코 늘리기, 안 9, 안 1코 늘리기 | (13코) |
| 29단 | 겉 1코 늘리기, 겉 11, 겉 1코 늘리기 | (15코) |
| 30단 | 안 15 | (15코) |
| 31-34단 | 메리야스 4단 | |
| 35단 | 겉 13, 겉 2코 모아뜨기 | (14코) |
| 36단 | 안 14 | (14코) |
| 37단 | 겉 2코 모아뜨기, 겉 10, 겉 2코 모아뜨기 | (12코) |
| 38단 | 안 12 | (12코) |
| 39단 | 겉 2코 모아뜨기, 겉 10 | (11코) |
| 40단 | 안 11 | (11코) |
| 41단 | 겉 2코 모아뜨기, 겉 9 | (10코) |
| 42단 | 안 10 | (10코) |
| 43단 | 겉 2코 모아뜨기, 겉 6, 겉 2코 모아뜨기 | (8코) |
| 44단 | 안 8 | (8코) |
| 45단 | 겉 2코 모아뜨기, 겉 4, 겉 2코 모아뜨기 | (6코) |
| 46단 | 안 6 | (6코) |
| 47단 | 겉 6 | (6코) |
| 마무리 | 코막기 | |

귀 겉면이 보이게 반으로 접어 삼면 솔기를 조합 도면과 같이 꿰맨
다. 귀를 머리 양쪽에 붙인 후, 몸통 앞 다리 사이에 머리를 붙인다.

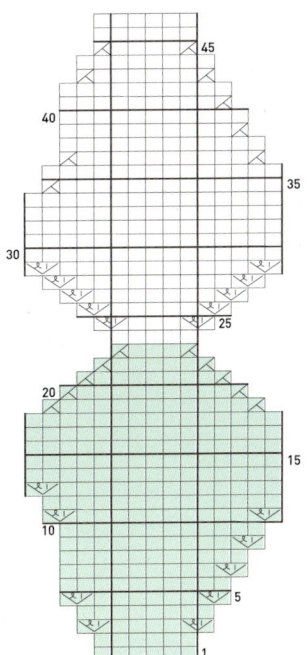

## 꼬리

● 빈센트 3P 2767 그레이 스카이

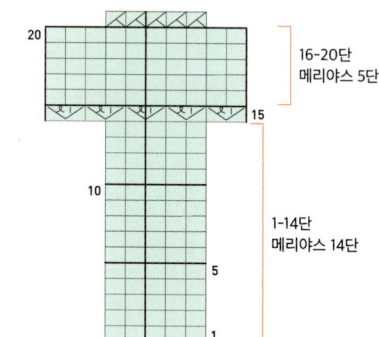

RS: 겉; WS: 안
RS: 겉 1코 늘리기; WS: 안 1코 늘리기
RS: 겉 2코 모아뜨기; WS: 안 2코 모아뜨기

빈센트 3P 2767 그레이 스카이 두 올을 합사하여 시작한다.

| | | |
|---|---|---|
| 시작코 | 5코 | |
| 1단 | 겉 5 | (5코) |
| 2단 | 안 5 | (5코) |
| 3-14단 | 메리야스 12단 | |
| 15단 | 겉 1코 늘리기 5 | (10코) |
| 16단 | 안 10 | (10코) |
| 17-20단 | 메리야스 4단 | |
| 21단 | 겉 2코 모아뜨기 5 | (5코) |
| 마무리 | 실을 30cm가량 자른 후, 돗바늘로 코 사이를 통과하여 코모으기를 한다. | |

16-20단
메리야스 5단

1-14단
메리야스 14단

## Point 7  꼬리에 와이어 넣기

새로운 실을 걸어서 나머지 다리를 작업한다.

꼬리 끝만 꿰맨 후 솜과 와이어를 넣고 나머지를 꿰매어 몸통에 붙인다.

 **고양이**

## 다리(왼쪽)

● 빈센트 3P 2735 검정

빈센트 3P 2735 검정 실 두 올을 합사하여 시작한다.

| | | |
|---|---|---|
| **시작코** | 10코 | |
| **1단** | 겉 10 | (10코) |
| **2단** | 안 10 | (10코) |
| **3단** | [겉 1, 겉 1코 늘리기] 5회 | (15코) |
| **4단** | 안 15 | (15코) |
| **5단** | 겉 15 | (15코) |
| **6단** | 안 15 | (15코) |
| **7-12단** | 5-6단 두 단을 3회 반복 | |
| **마무리** | 코막기를 하지 않고 실을 30cm가량 남긴 후 자른다. | |

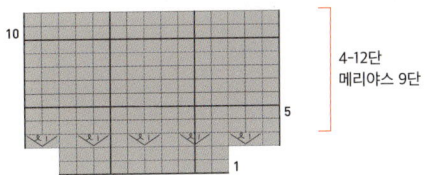

4-12단
메리야스 9단

## 다리(오른쪽)

○ 빈센트 3P 2731 흰색

빈센트 3P 2731 흰색 두 올을 합사해서 시작한다.
바늘에 편물을 걸어 놓은 상태에서 왼쪽 다리를 시작한 바늘에 시작코를 10코 잡고 오른쪽 다리를 하나 더 만든다.

| | | |
|---|---|---|
| **시작코** | 10코 | |
| **1단** | 겉 10 | (10코) |
| **2단** | 안 10 | (10코) |
| **3단** | [겉 1, 겉 1코 늘리기] 5회 | (15코) |
| **4단** | 안 15 | (15코) |
| **5단** | 겉 15 | (15코) |
| **6단** | 안 15 | (15코) |
| **7-12단** | 5-6단 두 단을 3회 반복 | |
| **마무리** | 코막기를 하지 않고 실을 30cm가량 남긴 후 자른다. | |

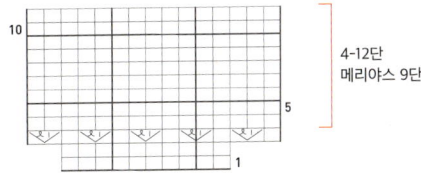

4-12단
메리야스 9단

## 몸통 + 앞다리(오른쪽)

○ 빈센트 3P 2731 흰색
● 빈센트 3P 2735 검정

☐ RS: 겉; WS: 안
⊘ 감아코 만들기
☐ 코막기

빈센트 3P 2731 흰색 두 올을 합사하여 시작하고, 패턴에 맞춰 색을 바꾼다.
다리 2장을 바늘에 걸어 놓은 상태에서 몸통을 뜨기 시작한다. (Point 1 참고)

| 13단 | 감아코 만들기 3, 겉 15, (검정)감아코 만들기 4, 겉 15(37코) | |
| 14단 | 감아코 만들기 3, 안 20, (흰색)안 17 | (40코) |
| 15단 | 겉 17회, (검정)겉 23 | (40코) |
| 16단 | 안 22, (흰색)안 18 | (40코) |
| 17단 | 겉 19회, (검정)겉 21 | (40코) |
| 18단 | 안 20회, (흰색)안 20 | (40코) |
| 19단 | 겉 21, (검정)겉 19 | (40코) |
| 20단 | 안 18, (흰색)안 22 | (40코) |
| 21-50단 | 메리야스 30 단 | |
| 51단 | 코막기 4, 겉 13 | (13코) |

패턴을 뒤집어서 51단의 13코만 작업한다.

| 52단 | 안 13 | (13코) |
| 53-57단 | 메리야스 5단 | (13코) |

검정 실로 바꾼다. (두 올 합사)

| 57-62단 | 메리야스 6단 | |
| 마무리 | 실을 30cm가량 자른 후, 돗바늘로 코 사이를 통과하여 코모으기를 한다. | |

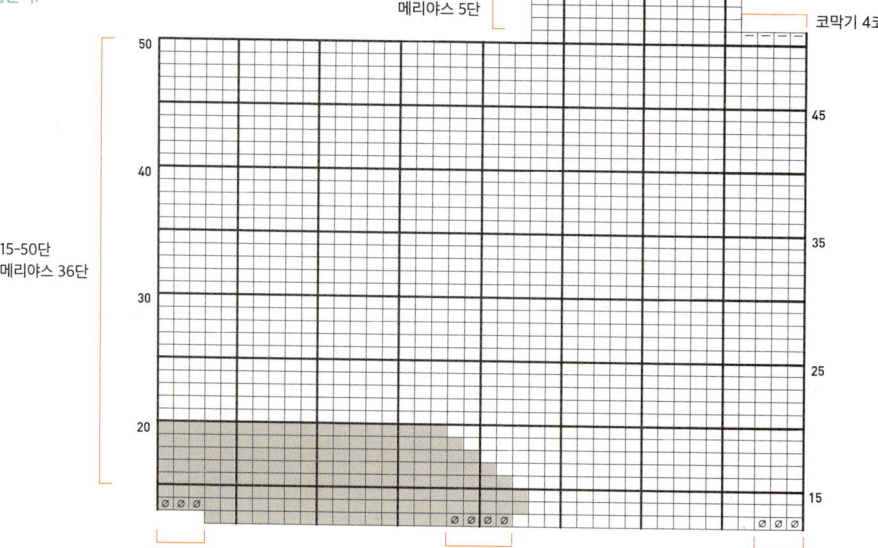

57-62단
메리야스 6단

52-56단
메리야스 5단

코막기 4코

15-50단
메리야스 36단

감아코 3코　　감아코 4코　　감아코 3코

## 앞다리(왼쪽)

○ 빈센트 3P 2731 흰색

☐ RS: 겉; WS: 안
☐ 코막기

빈센트 3P 2731 흰색 실 두 올을 합사하여 새로 걸고 시작한다. (Point 4 참고)

| 51단 | 코막기 6코, 겉 17 | (17코) |
| 52단 | 코막기 4코, 안 13 | (13코) |
| 53단 | 겉 13 | (13코) |
| 54단 | 안 13 | (13코) |
| 55-62단 | 53-54단 두 단을 4회 반복 | |
| 마무리 | 실을 30cm가량 자른 후, 돗바늘로 코 사이를 통과하여 코모으기를 한다. | |

조합 도면을 참고하여 창구멍을 남기고 다리 네 개와 몸통을 꿰맨다.
몸통은 옆 솔기를 꿰맨 후, 솜 넣어 완성한다.

53-62단
메리야스 10단

코막기 6코

## 머리

빈센트 3P 2731 흰색 실 두 올을 합사하여 시작코를 8코 잡는다. 도안을 보며 두 올 합사한 실 색을 바꾼다.

| | | |
|---|---|---|
| 시작코 | 8코 | |
| 1단 | 겉 8 | (8코) |
| 2단 | 안 8 | (8코) |
| 3단 | 겉 1코 늘리기 8 | (16코) |
| 4단 | 안 16 | (16코) |
| 5단 | [겉 1, 겉 1코 늘리기] 8회 | (24코) |
| 6단 | 안 24 | (24코) |
| 7단 | [겉 1, 겉 1코 늘리기, 겉 1] 8회 | (32코) |
| 8단 | 안 32 | (32코) |
| 9단 | [겉 2, 겉 1코 늘리기, 겉 1] 8회 | (40코) |
| 10단 | 안 40 | (40코) |
| 11단 | 겉 40 | (40코) |
| 12단 | 안 40 | (40코) |
| 13단 | [겉 2, 겉 1코 늘리기, 겉 2] 8회 | (48코) |
| 14단 | 안 48 | (48코) |
| 15단 | 겉 48 | (48코) |
| 16단 | 안 48 | (48코) |
| 17단 | [겉 3, 겉 1코 늘리기, 겉 2] 8회 | (56코) |
| 18단 | (흰색)안 43, (검정)안 13 | (56코) |
| 19단 | (검정)겉 13, (흰색)겉 43 | (56코) |
| 20단 | (흰색)안 41, (검정)안 15 | (56코) |
| 21단 | (검정)겉 15, (흰색)겉 41 | (56코) |
| 22단 | (흰색)안 39, (검정)안 17 | (56코) |
| 23단 | (검정)겉 17, (흰색)겉 13 | (56코) |
| 24단 | (흰색)안 43, (검정)안 13 | (56코) |
| 25단 | (검정)[겉 3, 2코 모아뜨기] 4회, | |
| | (흰색)[겉 3, 2코 모아뜨기 ,겉 3] 2회, | |
| | [2코 모아뜨기,겉 3] 4회 | (46코) |
| 26단 | (흰색)안 30, (검정)안 16 | (46코) |

| | | |
|---|---|---|
| 27단 | (검정)겉 17, (흰색)겉 29 | (46코) |
| 28단 | (흰색)안 29, (검정)안 17 | (46코) |
| 29단 | (검정)겉 16, (흰색)겉 1, 겉 2코 모아뜨기 6, | |
| | 겉 17 | (40코) |
| 30단 | (흰색)안 24, (검정)안 16 | (40코) |
| 31단 | (검정)[겉 2, 겉 2코 모아뜨기, 겉 1] 3회, | |
| | 겉 1, (흰색)겉 1, 2코 모아뜨기, | |
| | [겉 3, 겉 2코 모아뜨기]] 4회, 겉 1 | (32코) |
| 32단 | (흰색)안 19, (검정)안 13 | (32코) |
| 33단 | (검정)[겉 1, 겉 2코 모아뜨기, 겉 1] 3회 , | |
| | (흰색)[겉 1, 겉 2코 모아뜨기, 겉 1] 5회 | (24코) |
| 34단 | (흰색)안 15, (검정)안 9 | (24코) |

흰색 실로 바꾼다. (두 올 합사)

| | | |
|---|---|---|
| 35단 | [겉 1, 겉 2코 모아뜨기] 8회 | (16코) |
| 36단 | 안 16 | (16코) |
| 37단 | 겉 2코 모아뜨기 8 | (8코) |
| 마무리 | 실을 30cm가량 자른 후, 돗바늘로 코 사이를 통과하여 코모으기를 한다. | |

옆 솔기를 꿰매고, 솜을 넣고, 구멍을 꿰맨다.

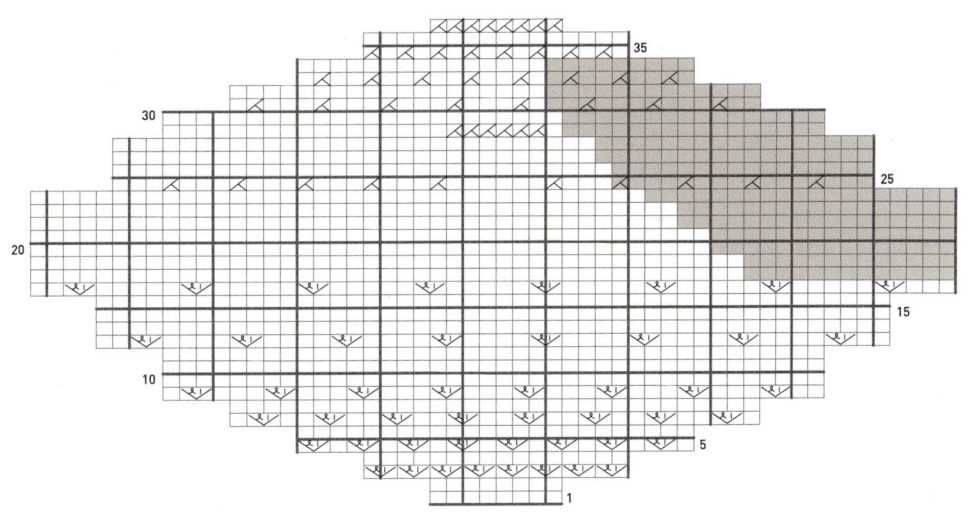

| | RS: 겉; WS: 안 |
|---|---|
| ○ 빈센트 3P 2731 흰색 | RS: 겉 1코 늘리기; WS: 안 1코 늘리기 |
| ● 빈센트 3P 2735 검정 | RS: 겉 2코 모아뜨기; WS: 안 2코 모아뜨기 |

## 귀(2장)

빈센트 3P 2731 흰색 두 올을 합사하여 시작한다.

| 시작코 | 9코 | |
|---|---|---|
| 1단 | 겉 9 | (9코) |
| 2단 | 안 9 | (9코) |
| 3단 | 겉 2코 모아뜨기, 겉 7 | (8코) |
| 4단 | 안 2코 모아뜨기, 안 6 | (7코) |
| 5단 | 겉 2코 모아뜨기, 겉 5 | (6코) |
| 6단 | 안 2코 모아뜨기, 안 4 | (5코) |
| 7단 | 겉 2코 모아뜨기, 겉 3 | (4코) |
| 8단 | 안 2코 모아뜨기, 안 2 | (3코) |
| 9단 | 겉 3 | (3코) |

검정 실로 바꾼다. (두 올 합사)

| 10단 | 안 3 | (3코) |
|---|---|---|
| 11단 | 겉 1코 늘리기, 겉 2 | (4코) |
| 12단 | 안 1코 늘리기, 안 3 | (5코) |
| 13단 | 겉 1코 늘리기, 겉 4 | (6코) |
| 14단 | 안 1코 늘리기, 안 5 | (7코) |
| 15단 | 겉 1코 늘리기, 겉 6 | (8코) |
| 16단 | 안 1코 늘리기, 안 7 | (9코) |
| 17단 | 겉 9 | (9코) |
| 18단 | 안 9 | (9코) |
| 마무리 | 코막기 | |

옆 솔기를 모두 꿰맨 후, 머리 양쪽에 붙이고, 머리를 몸통 앞다리 사이에 붙인다.

스티치로 표정을 만든다.

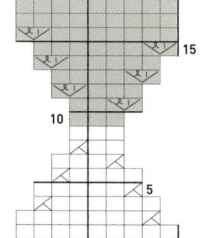

| | RS: 겉; WS: 안 |
|---|---|
| ● 빈센트 3P 2735 검정 | RS: 겉 2코 모아뜨기; WS: 안 2코 모아뜨기 |

## 꼬리

빈센트 3P 2735 검정 두 올을 합사해서 코를 잡는다.

| 시작코 | 14코 | |
|---|---|---|
| 1단 | 겉 14 | (14코) |
| 2단 | 안 14 | (14코) |
| 3-24단 | 메리야스 22단 | |
| 25단 | 겉 2코 모아뜨기 7 | (7코) |
| 마무리 | 코모으기 | |

옆 솔기를 꿰맨 후, 솜을 채워 넣고, 뒷다리 사이에 붙인다.

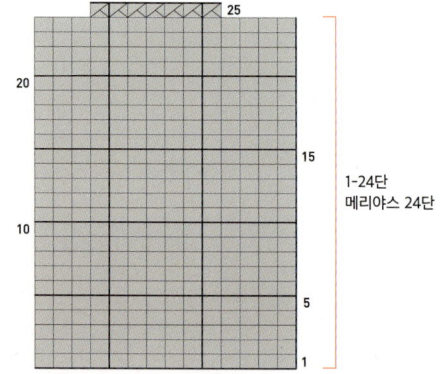

1-24단
메리야스 24단

## 얼룩말

### 다리(2장)

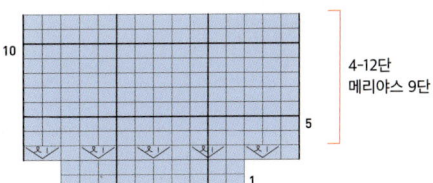

● 빈센트 3P 2766 파스텔블루

☐ RS: 겉; WS: 안
☒ RS: 겉 1코 늘리기; WS: 안 1코 늘리기

빈센트 3P 2766 파스텔블루 두 올을 합사하여 시작한다.

| | | |
|---|---|---|
| **1단** | 겉 10 | (10코) |
| **2단** | 안 10 | (10코) |
| **3단** | [겉 1, 겉 1코 늘리기] 5회 | (15코) |
| **4단** | 안 15 | (15코) |
| **5단** | 겉 15 | (15코) |
| **6단** | 안 15 | (15코) |
| **7-12단** | 5-6단 두 단을 3회 반복 | |
| **마무리** | 코막기를 하지 않고 실을 30cm가량 남긴 후 자른다. | |

바늘에 편물을 걸어 놓은 상태에서 왼쪽 다리를 시작한 바늘에 시작코를 10코 잡고 오른쪽 다리를 하나 더 만든다.

### 몸통 + 앞다리(오른쪽)

○ 빈센트 3P 2731 흰색
● 빈센트 3P 2766 파스텔블루

☐ RS: 겉; WS: 안
⊘ 감아코 만들기
☐ 코막기

실을 빈센트 3P 2731 흰색 실 두 올을 합사하여 바꾼 후, 뒷다리 2장을 바늘에 걸어 놓은 상태에서 몸통을 뜨기 시작한다.
(Point 1 참고) 도안을 참고하여 두 올을 합사한 흰색 실로 바꾼다.

| | | |
|---|---|---|
| **13단** | 감아코 만들기 3, 겉 15, 감아코 만들기 4, 겉 15 | (37코) |
| **14단** | 감아코 만들기 3, 안 37 | (40코) |
| **15단** | 겉 40 | (40코) |
| **16단** | 안 40 | (40코) |
| **17-50단** | 15-16단 두 단을 17회 반복 | |
| **51단** | 코막기 4, 겉 13 | (13코) |

뒤집어서 51단의 13코만 작업한다.

| | | |
|---|---|---|
| **52단** | 안 13 | (13코) |
| **53단** | 겉 13 | (13코) |

| | | |
|---|---|---|
| **54단** | 안 13 | (13코) |
| **55-62단** | 53-54단 두 단을 4회 반복 | |
| **마무리** | 실을 30cm가량 자른 후, 돗바늘로 코 사이를 통과하여 코모으기를 한다. | |

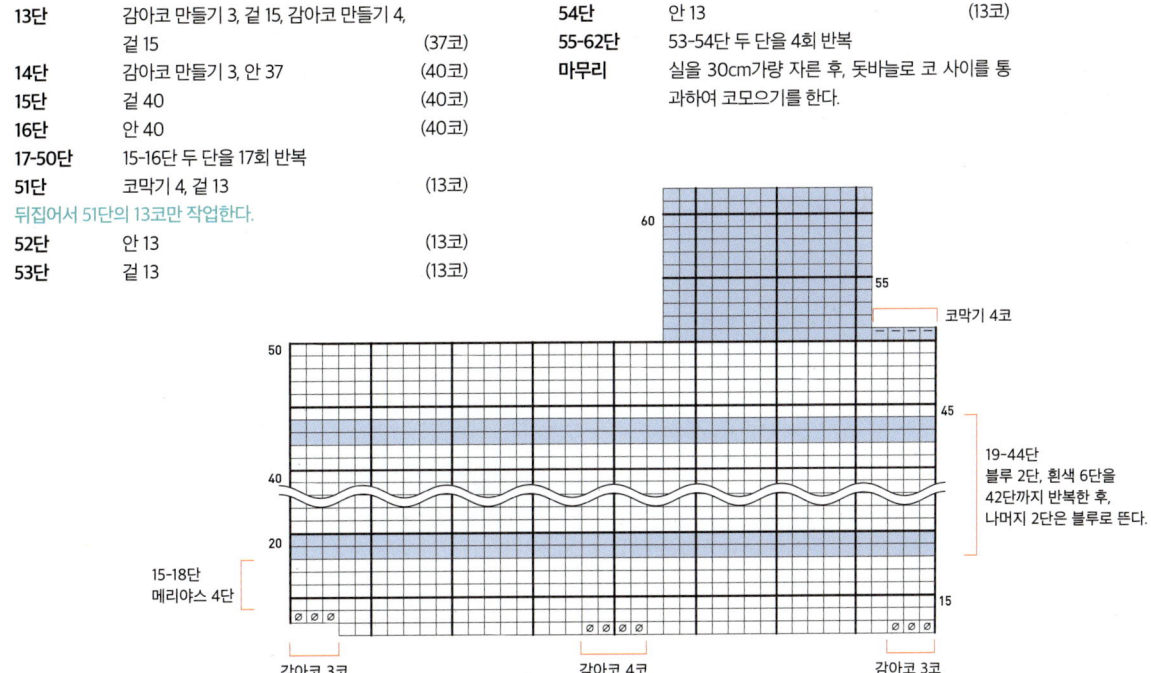

## 앞다리(왼쪽)

● 빈센트 3P 2766 파스텔블루

☐ RS: 겉; WS: 안
☐ 코막기

빈센트 3P 2766 파스텔블루 실 두 올을 합사하여 시작한다.(Point 4 참고)

| | | |
|---|---|---|
| 51단 | 코막기 6코, 겉 17 | (17코) |
| 52단 | 코막기 4코, 안 13 | (13코) |
| 53단 | 겉 13 | (13코) |
| 54단 | 안 13 | (13코) |
| 55-62단 | 53-54단 두 단을 4회 반복 | |
| 마무리 | 실을 30cm가량 자른 후, 돗바늘로 코 사이를 통과하여 코모으기를 한다. | |

조합 도면을 참고하여 창구멍을 남기고 다리 네 개와 몸통을 꿰맨다.

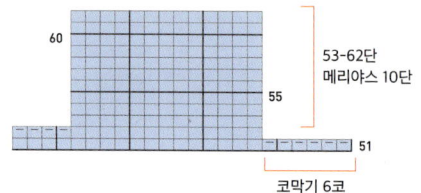

## 머리

○ 빈센트 3P 2731 흰색
● 빈센트 3P 2766 파스텔블루

☐ RS: 겉; WS: 안
☒ RS: 겉 1코 늘리기; WS: 안 1코 늘리기
◪ RS: 겉 2코 모아뜨기; WS: 안 2코 모아뜨기

빈센트 3P 2731 흰색 실 두 올을 합사하여 시작한다. 도안을 참고하여 실을 바꿔가며 뜬다.

| | | |
|---|---|---|
| 시작코 | 8코 | |
| 1단 | 겉 8 | (8코) |
| 2단 | 안 8 | (8코) |
| 3단 | 겉 1코 늘리기 8 | (16코) |
| 4단 | 안 16 | (16코) |
| 5단 | [겉 1, 겉 1코 늘리기] 8회 | (24코) |
| 6단 | 안 24 | (24코) |
| 7단 | [겉 1, 겉 1코 늘리기, 겉 1] 8회 | (32코) |
| 8단 | 안 32 | (32코) |
| 9단 | [겉 2, 겉 1코 늘리기, 겉 1] 8회 | (40코) |
| 10단 | 안 40 | (40코) |
| 11단 | 겉 40 | (40코) |
| 12단 | 안 40 | (40코) |
| 13단 | [겉 2, 겉 1코 늘리기, 겉 2] 8회 | (48코) |
| 14단 | 안 48 | (48코) |
| 15단 | 겉 48 | (48코) |
| 16단 | 안 48 | (48코) |
| 17단 | [겉 3, 겉 1코 늘리기, 겉 2] 8회 | (56코) |
| 18단 | 안 56 | (56코) |
| 19-24단 | 메리야스 6 단 | (56코) |
| 25단 | {[겉3, 겉 2코 모아뜨기] 5회, 겉3} 2회반복 | (46코) |
| 26단 | 안 46 | (46코) |
| 27단 | 겉 46 | (46코) |
| 28단 | 안 46 | (46코) |
| 29단 | 겉 17, 겉 2코 모아뜨기 6, 겉 17 | (40코) |
| 30단 | 안 40 | (40코) |

| | | |
|---|---|---|
| 31단 | [겉 2, 겉 2코 모아뜨기, 겉 1] 8회 | (32코) |
| 32단 | 안 32 | (32코) |
| 33-38단 | 메리야스 6단 | |
| 39단 | [겉 1, 겉 2코 모아뜨기, 겉 1] 8회 | (24코) |
| 40단 | 안 24 | (24코) |
| 41단 | 겉 24 | (24코) |
| 42단 | 안 24 | (24코) |
| 마무리 | 코막기 | |

머리 뒤부터 입까지 옆 솔기를 꿰맨 후, 솔기 중심이 가운데로 오게 한 후 'T'자 모양이 되도록 앞을 꿰맨다.

**Point 1 입 꿰매기**

입을 'T'자 모양으로 꿰맨다.

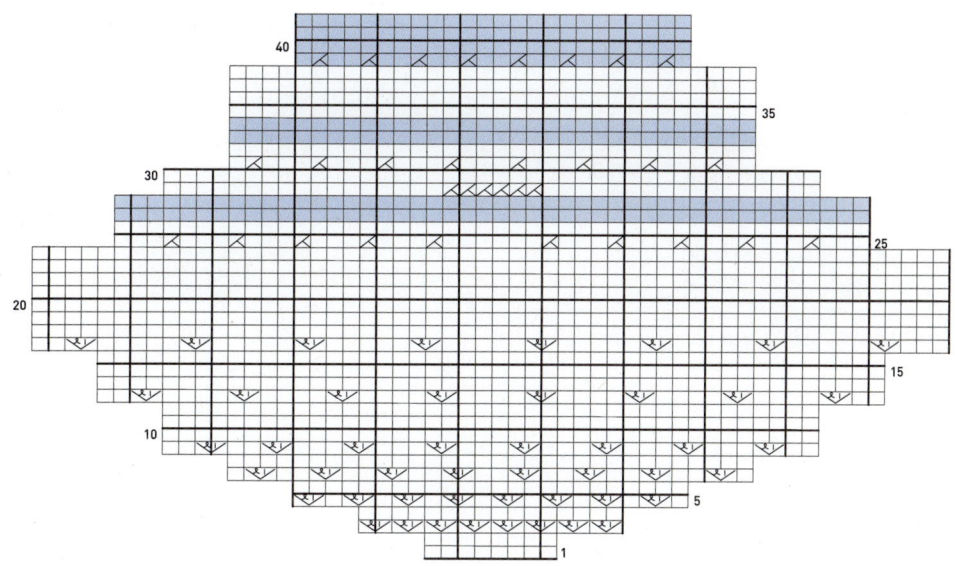

☐ RS: 겉; WS: 안
● RS: 안; WS: 겉
◸ RS: 겉 2코 모아뜨기; WS: 안 2코 모아뜨기

## 갈기

● 빈센트 3P 2766 파스텔블루

빈센트 3P 2766 파스텔 블루 두 올을 합사하여 코를 잡는다.

| | | |
|---|---|---|
| **시작코** | 8코 | |
| **1-38단** | 겉 10 | (10코) |
| **39단** | 겉 2코 모아뜨기 5 | (5코) |
| **40단** | 겉 5 | (5코) |
| **마무리** | 코모으기 | |

옆 솔기를 꿰맨 다음 솜을 넣고 몸통 중앙에 붙인다.

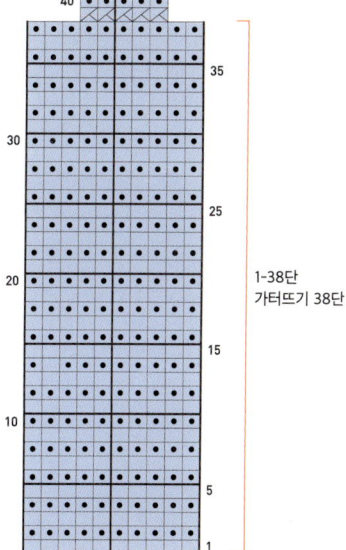

1-38단
가터뜨기 38단

| | RS: 겉; WS: 안 |
|---|---|
| | WS: 오른코 중심 3코 모아뜨기 |
| | RS: 겉 2코 모아뜨기; WS: 안 2코 모아뜨기 |

## 귀(2장)

● 빈센트 3P 2766 파스텔블루

빈센트 3P 2766 파스텔블루 두 올을 합사하여 코를 잡는다.

| **시작코** | 7코 | |
|---|---|---|
| **1단** | 겉 7 | (7코) |
| **2단** | 안 7 | (7코) |
| **3-6단** | 메리야스 4단 | |
| **7단** | 겉 2코 모아뜨기, 겉 3, 겉 2코 모아뜨기 | (5코) |
| **8단** | 안 2코 모아뜨기, 안 1, 안 2코 모아뜨기 | (4코) |
| **9단** | 오른코 중심 3코 모아뜨기 | |
| **마무리** | 1코 남은 바늘 사이로 실을 통과시켜 매듭을 짓는다. | |

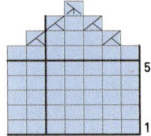

귀를 겉면이 보이게 맞대어 1~3단까지 옆 솔기를 꿰맨다.

## 꼬리

○ 빈센트 3P 2731 흰색
● 빈센트 3P 2766 파스텔블루

| | RS: 겉; WS: 안 |
|---|---|
| | RS: 겉 1코 늘리기; WS: 안 1코 늘리기 |
| | RS: 겉 2코 모아뜨기; WS: 안 2코 모아뜨기 |

빈센트 3P 2731 흰색 두 올을 합사하여 코를 잡는다. 도안을 참고하여 두 올 합사한 실을 바꿔가며 뜬다.

| **시작코** | 5코 | |
|---|---|---|
| **1단** | 겉 5 | (5코) |
| **2단** | 안 5 | (5코) |
| **3-22단** | 메리야스 20단 | |
| **23단** | 겉 1코 늘리기 5 | (10코) |
| **24단** | 안 10 | (10코) |
| **25-28단** | 메리야스 4단 | |
| **29단** | 겉 2코 모아뜨기 5 | (5코) |
| **마무리** | 실을 30cm가량 자른 후, 돗바늘로 코 사이를 통과하여 코모으기를 한다. | |

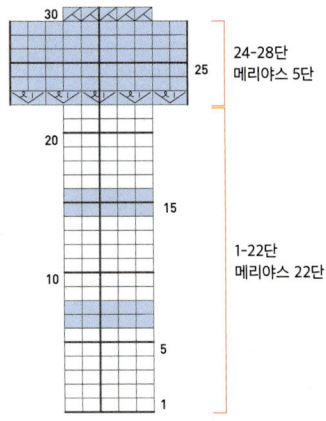

(Point 7)을 참고하여 꼬리 끝만 꿰맨 후 솜과 와이어를 넣고 나머지를 꿰매어 몸통에 붙인다.

 토끼

## 다리(왼쪽)

빈센트 3P 2785 브라이트 핑크 실 두 올을 합사하여 코를 잡는다.

| | | |
|---|---|---|
| 시작코 | 10코 | |
| 1단 | 겉 10 | (10코) |
| 2단 | 안 10 | (10코) |
| 3단 | [겉 1, 겉 1코 늘리기] 5회 | (15코) |
| 4단 | 안 15 | (15코) |
| 5단 | 겉 15 | (15코) |
| 6단 | 안 15 | (15코) |
| 7-12단 | 5-6단 두 단을 3회 반복 | |
| 마무리 | 코막기를 하지 않고 실을 30cm가량 남긴 후 자른다. | |

바늘에 편물을 걸어 놓은 상태에서 왼쪽 다리를 시작한 바늘에 시작코를 10코 잡고 오른쪽 다리를 하나 더 만든다.

●빈센트 3P 2785 브라이트 핑크

□ RS: 겉; WS: 안
▽ RS: 겉 1코 늘리기; WS: 안 1코 늘리기

10

4-12단
메리야스 9단

5

1

## 몸통 + 앞다리(오른쪽)

뒷다리 2장을 바늘에 걸어 놓은 상태에서 몸통을 뜨기 시작한다.(Point 1 참고)

●빈센트 3P 2785 브라이트 핑크

□ RS: 겉; WS: 안
⊘ 감아코 만들기
▭ 코막기

| | | |
|---|---|---|
| 13단 | 감아코 만들기 3, 겉 15, 감아코 만들기 4, 겉 15 | (37코) |
| 14단 | 감아코 만들기 3, 안 37 | (40코) |
| 15단 | 겉 40 | (40코) |
| 16단 | 안 40 | (40코) |
| 17-50단 | 15-16단 두 단을 17회 반복 | |
| 51단 | 코막기 4, 겉 13 | (13코) |

뒤집어서 51단의 13코만 작업한다.

| | | |
|---|---|---|
| 52단 | 안 13 | (13코) |
| 53단 | 겉 13 | (13코) |
| 54단 | 안 13 | (13코) |
| 55-62단 | 53-54단 두 단을 4회 반복 | |

마무리　실을 30cm가량 자른 후, 돗바늘로 코 사이를 통과하여 코모으기를 한다.

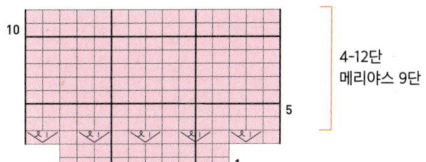

60

52-62단
메리야스 11단

55

코막기 4코

50

45

15-50단
메리야스 36단

40

20

15

감아코 3코　　감아코 4코　　감아코 3코

## 앞다리(왼쪽)

● 빈센트 3P 2785 브라이트 핑크

□ RS: 겉; WS: 안
□ 코막기

빈센트 3P 2785 브라이트 핑크 실 두 올을 합사하여 시작한다.(Point 4 참고)

| | | |
|---|---|---|
| **51단** | 코막기 6코, 겉 17 | (17코) |
| **52단** | 코막기 4코, 안 13 | (13코) |
| **53단** | 겉 13 | (13코) |
| **54단** | 안 13 | (13코) |
| **55-62단** | 53-54단 두 단을 4회 반복 | |
| **마무리** | 실을 30cm가량 자른 후, 돗바늘로 코 사이를 통과하여 코모으기를 한다. | |

조합 도면을 참고하여 창구멍을 남긴 채 다리 네 개와 몸통을 꿰맨다.

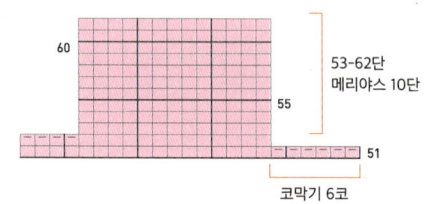

## 머리

● 빈센트 3P 2785 브라이트 핑크

□ RS: 겉; WS: 안
⧠ RS: 겉 1코 늘리기; WS: 안 1코 늘리기
⧄ RS: 겉 2코 모아뜨기; WS: 안 2코 모아뜨기

빈센트 3P 2785 브라이트 핑크 실 두 올을 합사하여 코를 잡는다.

| | | | | | | |
|---|---|---|---|---|---|---|
| **시작코** | 8코 | | **25단** | {[겉3, 겉 2코 모아뜨기] 5회, 겉3} 2회반복 | (46코) |
| **1단** | 겉 8 | (8코) | **26단** | 안 46 | (46코) |
| **2단** | 안 8 | (8코) | **27단** | 겉 46 | (46코) |
| **3단** | 겉 1코 늘리기 8 | (16코) | **28단** | 안 46 | (46코) |
| **4단** | 안 16 | (16코) | **29단** | 겉 17, 겉 2코 모아뜨기 6, 겉 17 | (40코) |
| **5단** | [겉 1, 겉 1코 늘리기] 8회 | (24코) | **30단** | 안 40 | (40코) |
| **6단** | 안 24 | (24코) | **31단** | [겉 2, 겉 2코 모아뜨기, 겉 1] 8회 | (32코) |
| **7단** | [겉 1, 겉 1코 늘리기, 겉 1] 8회 | (32코) | **32단** | 안 32 | (32코) |
| **8단** | 안 32 | (32코) | **33단** | [겉 1, 겉 2코 모아뜨기, 겉 1] 8회 | (24코) |
| **9단** | [겉 2, 겉 1코 늘리기, 겉 1] 8회 | (40코) | **34단** | 안 24 | (24코) |
| **10단** | 안 40 | (40코) | **35단** | [겉 1, 겉 2코 모아뜨기] 8회 | (16코) |
| **11단** | 겉 40 | (40코) | **36단** | 안 16 | (16코) |
| **12단** | 안 40 | (40코) | **37단** | 겉 2코 모아뜨기 8회 | (8코) |
| **13단** | [겉 2, 겉 1코 늘리기, 겉 2] 8회 | (48코) | **마무리** | 실을 30cm가량 자른 후, 돗바늘로 코 사이를 통과하여 코모으기를 한다. | |
| **14단** | 안 48 | (48코) | | | |
| **15단** | 겉 48 | (48코) | 옆 솔기를 꿰맨 다음, 솜을 넣고 구멍을 막는다. | | |
| **16단** | 안 48 | (48코) | | | |
| **17단** | [겉 3, 겉 1코 늘리기, 겉 2] 8회 | (56코) | | | |
| **18단** | 안 56 | (56코) | | | |
| **19-24단** | 메리야스 6 단 | (56코) | | | |

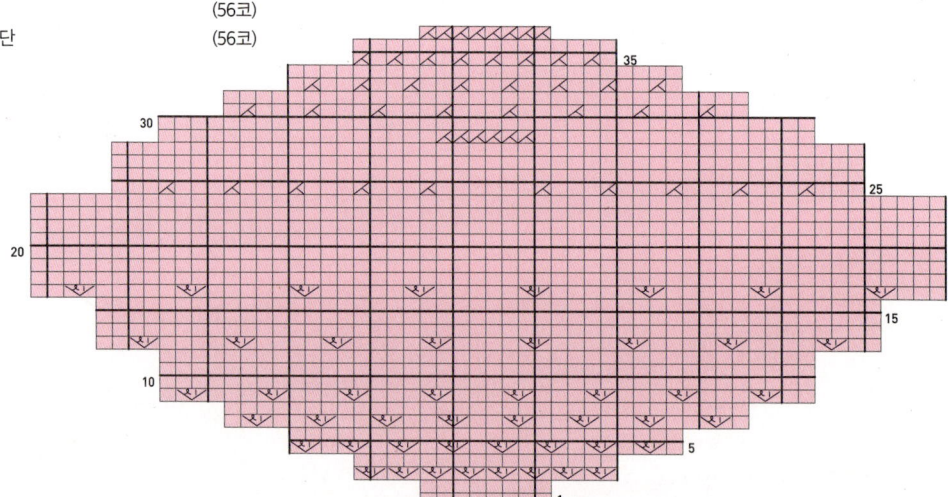

## 귀(2장)

빈센트 3P 2785 브라이트 핑크 실 두 올을 합사하여 코를 잡는다.

| | | |
|---|---|---|
| 1단 | 겉 10 | (10코) |
| 2단 | 안 10 | (10코) |
| 3-20단 | 메리야스 18단 | |
| 21단 | 겉 2코 모아뜨기, 겉 6, 겉 2코 모아뜨기 | (8코) |
| 22단 | 안 8 | (8코) |

흰색 실로 바꾼다. (두 올 합사)

| | | |
|---|---|---|
| 23-40단 | 메리야스 18단 | |
| 마무리 | 코막기 | |

옆 솔기를 모드 꿰맨 후, 머리 양쪽에 붙이고, 머리를 몸통 앞다리 사이에 붙인다.

스티치로 표정을 만든다.

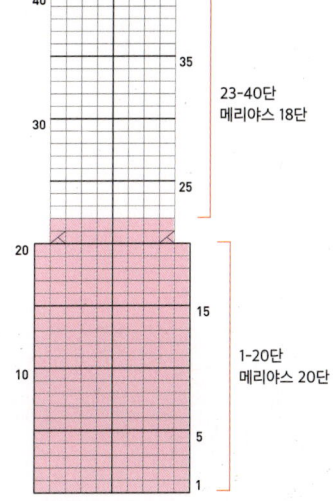

## 꼬리

빈센트 3P 2731 흰색 실 두 올을 합사하여 코를 잡는다.

| | | |
|---|---|---|
| 시작코 | 16코 | |
| 1단 | 겉 16회 | (16코) |
| 2단 | 안 16 | (16코) |
| 3-8단 | 메리야스 6단 | |
| 9단 | 겉 2코 모아뜨기 8 | (8코) |
| 마무리 | 코모으기옆 솔기를 꿰매고, 솜을 채워 뒷다리 사이에 붙인다. | |

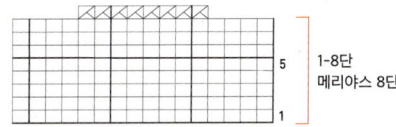

티타임의 주인공
# 컵 받침 인형

투박한 머그잔을 아기자기하게 만들어주는 컵 받침 인형입니다. 손님상에 머그잔만 올리기보다 컵 받침으로
가볍게 변화를 주면 화려하진 않지만 따뜻한 티타임이 됩니다.

# 고양이, 돼지, 너구리 컵 받침

**사이즈**   14 × 17cm

**준비물**   **바늘** 3.5mm 줄바늘

**실** 빈센트 3P (두 올을 합사하여 사용한다.)

**고양이**   2731 흰색, 2781 민트, 2735 검정색(스티치용)

**돼지**   2763 베이비핑크, 2764 인디핑크, 2776 와인(스티치용)

**너구리**   2764 인디핑크, 2775 체리핑크, 2744 딥바이올렛(스티치용)

**기타재료**   구름솜, 겸자, 니트핀, 돗바늘, 지름 7.5mm 바닥 판

**만들기 순서**

01  몸통 가운데에 바닥 판을 넣고 창구멍을 남기고 옆 솔기를 꿰맨다.

02  바닥 판을 홈질로 고정하고 솜을 넣은 뒤 창구멍을 막는다.

03  머리 옆 솔기로 꿰매고 솜을 채워 넣는다.

04  귀를 마주 보게 접어 옆 솔기로 꿰매고 머리 양쪽에 붙인다.(돼지의 경우 귀는 일러스트 조합도를 참고하여, 귀를 반 접고 머리에 붙인다.)

05  머리를 몸통에 붙인다.

06  다리에 솜을 넣어 옆 솔기를 꿰매고 몸통에 붙인다.

07  꼬리를 뒷다리 사이에 붙인다.

08  표정을 스티치로 표현한다.

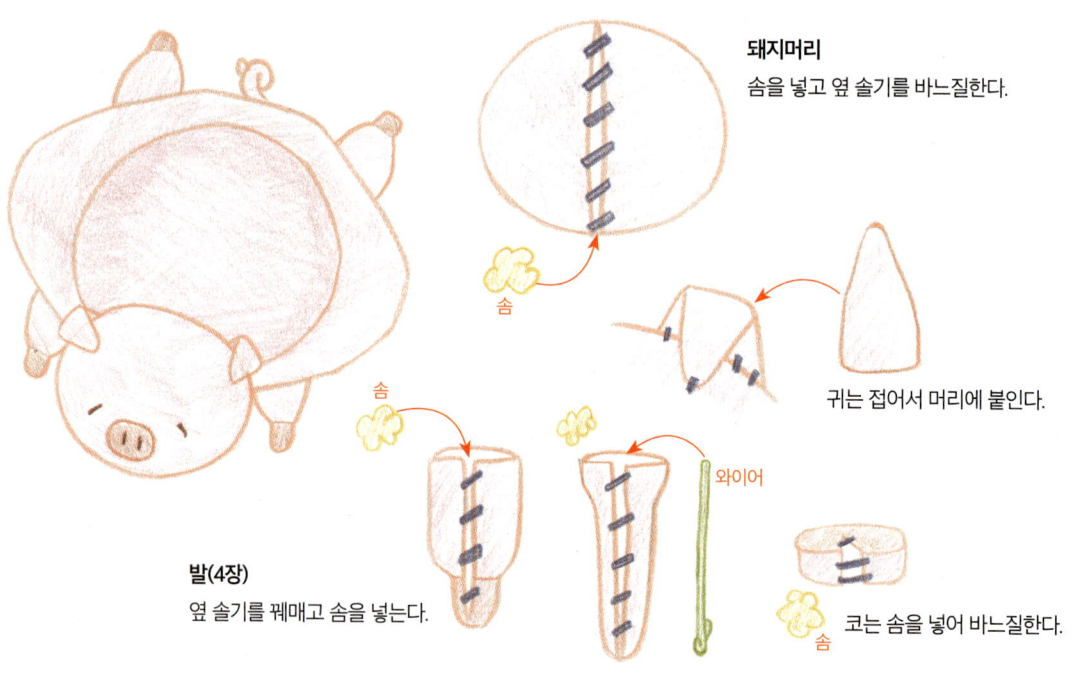

**돼지머리**
솜을 넣고 옆 솔기를 바느질한다.

솜

귀는 접어서 머리에 붙인다.

솜

와이어

**발(4장)**
옆 솔기를 꿰매고 솜을 넣는다.

솜

코는 솜을 넣어 바느질한다.

**꼬리**
와이어만 넣고 옆 솔기를 꿰맨다.

너구리와 고양이도 같은
방법으로 만든다.

# 컵 받침 고양이

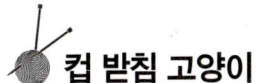

● 빈센트 3P 2781 민트
○ 빈센트 3P 2731 흰색

| | RS: 겉; WS: 안 |
|---|---|
| ⟋ | RS: 겉 1코 늘리기; WS: 안 1코 늘리기 |
| ⟍ | RS: 겉 2코 모아뜨기; WS: 안 2코 모아뜨기 |

## 몸통

빈센트 3P 2781 민트 두 올을 합사하여 코를 잡는다. 도안을 참고하여 두 올 합사한 흰색으로 바꾼다.

| | | |
|---|---|---|
| 시작코 | 15코 | |
| 1단 | 겉 15 | (15코) |
| 2단 | 안 15 | (15코) |
| 3단 | 겉 1코 늘리기, 겉 13, 겉 1코 늘리기 | (17코) |
| 4단 | 안 1코 늘리기, 안 15, 안 1코 늘리기 | (19코) |
| 5단 | 겉 1코 늘리기, 겉 17, 겉 1코 늘리기 | (21코) |
| 6단 | 안 1코 늘리기, 안 19, 안 1코 늘리기 | (23코) |
| 7단 | 겉 1코 늘리기, 겉 21, 겉 1코 늘리기 | (25코) |
| 8단 | 안 1코 늘리기, 안 23, 안 1코 늘리기 | (27코) |
| 9단 | 겉 1코 늘리기, 겉 25, 겉 1코 늘리기 | (29코) |
| 10단 | 안 1코 늘리기, 안 27, 안 1코 늘리기 | (31코) |
| 11단 | 겉 1코 늘리기, 겉 29, 겉 1코 늘리기 | (33코) |
| 12단 | 안 1코 늘리기, 안 31, 안 1코 늘리기 | (35코) |
| 13단 | 겉 1코 늘리기, 겉 33, 겉 1코 늘리기 | (37코) |
| 14단 | 안 1코 늘리기, 안 35, 안 1코 늘리기 | (39코) |
| 15단 | 겉 1코 늘리기, 겉 38 | (40코) |
| 16단 | 안 1코 늘리기, 안 39 | (41코) |
| 17단 | 겉 1코 늘리기, 겉 40 | (42코) |
| 18단 | 안 1코 늘리기, 안 41 | (43코) |
| 19단 | 겉 43 | (43코) |
| 20단 | 안 43 | (43코) |
| 21-28단 | 메리야스 8단 | |
| 29단 | 겉 2코 모아뜨기, 겉 41 | (42코) |
| 30단 | 안 2코 모아뜨기, 안 40 | (41코) |
| 31단 | 겉 2코 모아뜨기, 겉 39 | (40코) |
| 32단 | 안 2코 모아뜨기, 안 38 | (39코) |
| 33단 | 겉 2코 모아뜨기, 겉 35, 겉 2코 모아뜨기 | (37코) |
| 34단 | 안 2코 모아뜨기, 안 33, 안 2코 모아뜨기 | (35코) |
| 35단 | 겉 2코 모아뜨기, 겉 31, 겉 2코 모아뜨기 | (33코) |
| 36단 | 안 2코 모아뜨기, 안 29, 안 2코 모아뜨기 | (31코) |
| 37단 | 겉 2코 모아뜨기, 겉 27, 겉 2코 모아뜨기 | (29코) |
| 38단 | 안 2코 모아뜨기, 안 25, 안 2코 모아뜨기 | (27코) |
| 39단 | 겉 2코 모아뜨기, 겉 23, 겉 2코 모아뜨기 | (25코) |
| 40단 | 안 2코 모아뜨기, 안 21, 안 2코 모아뜨기 | (23코) |
| 41단 | 겉 2코 모아뜨기, 겉 19, 겉 2코 모아뜨기 | (21코) |
| 42단 | 안 2코 모아뜨기, 안 17, 안 2코 모아뜨기 | (19코) |
| 43단 | 겉 2코 모아뜨기, 겉 15, 겉 2코 모아뜨기 | (17코) |
| 44단 | 안 2코 모아뜨기, 안 13, 안 2코 모아뜨기 | (15코) |
| 45단 | 겉 15 | (15코) |
| 46단 | 안 15 | (15코) |
| 47-92단 | 1-46단 반복 | |
| 마무리 | 코막기 | |

몸통 반쪽 가운데에 바닥 판을 넣고 옆 솔기에 창구멍을 남기고 꿰맨다.
바닥 판은 홈질로 고정한다. 솜을 넣고 창구멍을 막는다.

## Point ① 몸통 마무리하기

지름 75mm

**1** A와 B를 접어 꿰매는데 이때 바닥 판은 가운데에 들 어가게 된다.

가 나

**2** 가에서 나까지 꿰매고 창 구멍으로 바닥 판을 넣는다.

가 나

**3** 가에서 나까지 꿰맨 후, 가운데 들어간 바닥 판이 움 직이지 않게 니트핀으로 바 닥 판 주위를 고정한다.

**4** 바닥 판 주변을 홈질로 고정한다.

**5** 창구멍을 통해 솜을 넣고 창구멍을 꿰맨다.

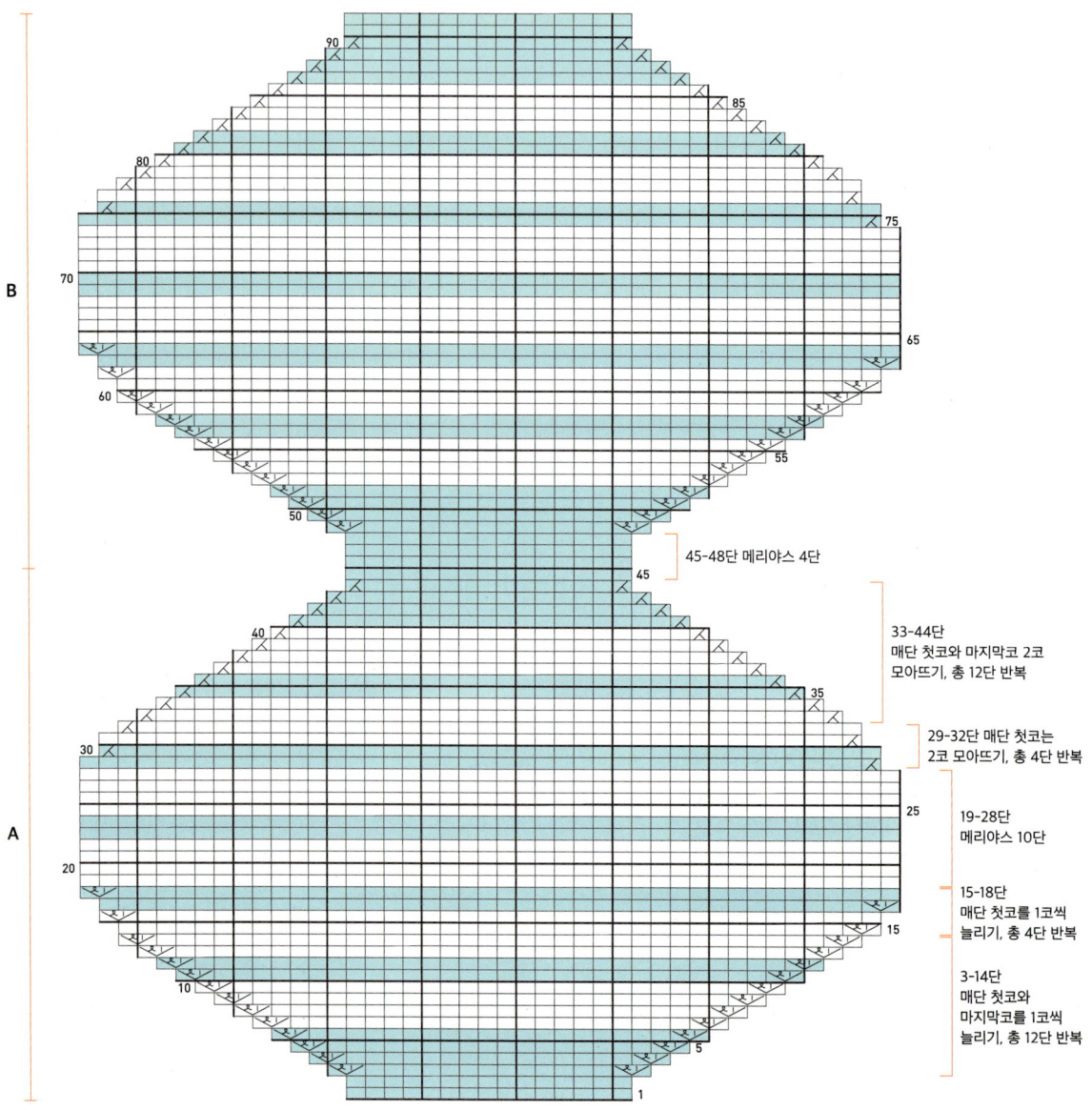

45-48단 메리야스 4단

33-44단
매단 첫코와 마지막코 2코
모아뜨기, 총 12단 반복

29-32단 매단 첫코는
2코 모아뜨기, 총 4단 반복

19-28단
메리야스 10단

15-18단
매단 첫코를 1코씩
늘리기, 총 4단 반복

3-14단
매단 첫코와
마지막코를 1코씩
늘리기, 총 12단 반복

## 머리

● 빈센트 3P 2781 민트
○ 빈센트 3P 2731 흰색

빈센트 3P 2781 민트 두 올을 합사하여 코를 잡는다. 도안을 참고하여 두 올 합사한 흰색으로 바꾼다.

| | | |
|---|---|---|
| 시작코 | 10코 | |
| 1단 | 겉 10 | (10코) |
| 2단 | 안 10 | (10코) |
| 3단 | 겉 1코 늘리기 10 | (20코) |
| 4단 | 안 20 | (20코) |
| 5단 | [겉 1코 늘리기, 겉 1] 10회 | (30코) |
| 6단 | 안 30 | (30코) |
| 7단 | 겉 30 | (30코) |
| 8단 | 안 30 | (30코) |
| 9단 | [겉 1, 겉 1코 늘리기, 겉 1] 10회 | (40코) |
| 10단 | 안 40 | (40코) |
| 11-18단 | 메리야스 8단 | |
| 19단 | [겉 1, 겉 2코 모아뜨기, 겉 1] 10회 | (30코) |
| 20단 | 안 30 | (30코) |
| 21-24단 | 메리야스 4단 | |
| 25단 | [겉 1, 겉 2코 모아뜨기] 10회 | (20코) |
| 26단 | 안 20 | (20코) |
| 27단 | 겉 20 | (20코) |
| 28단 | 안 20 | (20코) |
| 29단 | 겉 2코 모아뜨기 10 | (10코) |
| 마무리 | 실을 30cm가량 자른 후, 돗바늘로 코 사이를 통과하여 코모으기를 한다. | |

옆 솔기를 꿰맨 후 솜을 넣고 구멍을 막는다.

흰색 실로 변경되는 단의 코 사이에 실을 걸어서 조여 가며 고양이 입 모양을 만든다.

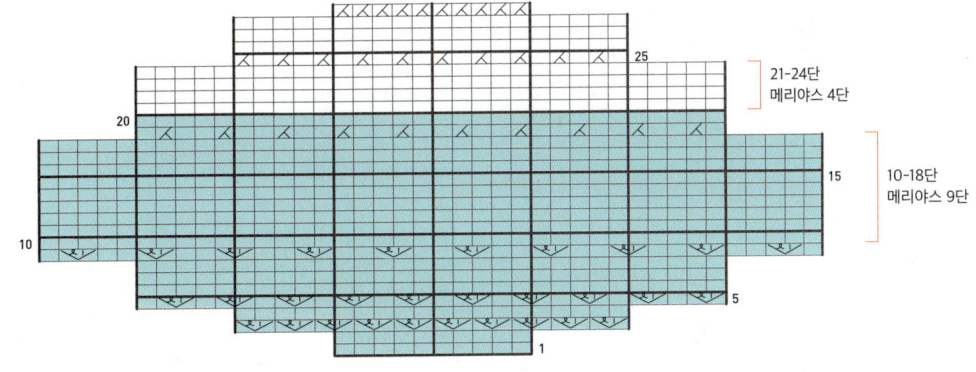

21-24단
메리야스 4단

10-18단
메리야스 9단

## 귀(2장)

● 빈센트 3P 2781 민트
○ 빈센트 3P 2731 흰색

빈센트 3P 2781 민트 두 올을 합사하여 코를 잡는다. 도안을 참고하여 두 올 합사한 흰색으로 바꾼다.

| | | |
|---|---|---|
| 시작코 | 8코 | |
| 1단 | 겉 8 | (8코) |
| 2단 | 안 8 | (8코) |
| 3단 | 겉 2코 모아뜨기, 겉 6 | (7코) |
| 4단 | 안 2코 모아뜨기, 안 4 | (5코) |
| 5단 | 겉 2코 모아뜨기, 겉 3 | (4코) |
| 6단 | 안 2코 모아뜨기, 안 3 | (4코) |
| 7단 | 겉 4 | (4코) |
| 8단 | 안 4 | (4코) |
| 9단 | 겉 1코 늘리기, 겉 3 | (5코) |
| 10단 | 안 1코 늘리기, 안 4 | (6코) |
| 11단 | 겉 1코 늘리기, 겉 5 | (7코) |
| 12단 | 안 1코 늘리기, 안 6 | (8코) |
| 13단 | 겉 8 | (8코) |
| 14단 | 안 8 | (8코) |
| 마무리 | 코막기 | |

귀를 반으로 접어 옆 솔기를 꿰맨 후, 얼굴 양쪽에 붙인다.

귀를 붙인 머리는 몸통에 붙인다.

## 다리(4장)

빈센트 3P 2781 민트 두 올을 합사하여 코를 잡는다. 도안을 참고하여 두 올 합사한 흰색으로 바꾼다.

| | | |
|---|---|---|
| **시작코** | 14코 | |
| **1단** | 겉 14 | (14코) |
| **2단** | 안 14 | (14코) |
| **3-16단** | 메리야스 14단 | |
| **17단** | 겉 2코 모아뜨기 7 | (7코) |
| **마무리** | 실을 30cm가량 자른 후, 돗바늘로 코 사이를 통과하여 코모으기를 한다. | |

옆 솔기를 꿰맨 후 솜을 넣는다. 다리를 몸통에 붙인다.

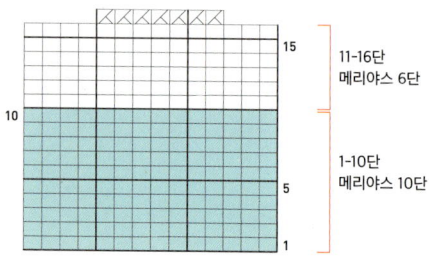

## 꼬리

빈센트 3P 2781 민트 두 올을 합사하여 코를 잡는다. 도안을 참고하여 두 올 합사한 흰색으로 바꾼다.

| | | |
|---|---|---|
| **시작코** | 16코 | |
| **1단** | 겉 16 | (16코) |
| **2단** | 안 16 | (16코) |
| **3-32단** | 메리야스 30단 | |
| **33단** | 겉 2코 모아뜨기 8 | (8코) |
| **마무리** | 실을 30cm가량 자른 후, 돗바늘로 코 사이를 통과하여 코모으기를 한다. | |

옆 솔기를 꿰맨 후 솜을 넣는다. 뒷다리 사이에 꼬리를 붙인다.
눈은 스트레이트 스티치로 마무리한다.

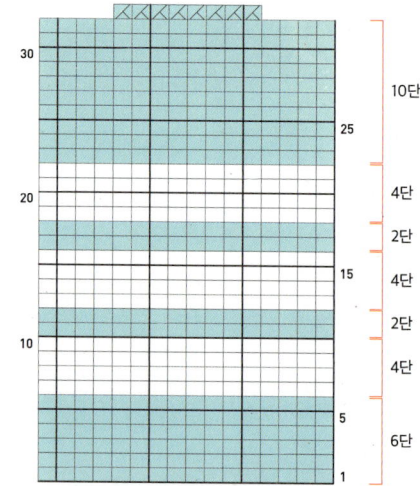

도안을 따라 실 색을 바꿔가며 메리야스 뜨기를 한다.

# 컵 받침 돼지

## 몸통

|  | RS: 겉; WS: 안 |
|---|---|
|  | RS: 겉 1코 늘리기; WS: 안 1코 늘리기 |
|  | RS: 겉 2코 모아뜨기; WS: 안 2코 모아뜨기 |

● 빈센트 3P 2763 베이비핑크

빈센트 3P 2763 베이비핑크 두 올을 합사한 실로 코를 잡는다.

| 시작코 | 15코 | |
|---|---|---|
| 1단 | 겉 15 | (15코) |
| 2단 | 안 15 | (15코) |
| 3단 | 겉 1코 늘리기, 겉 13, 겉 1코 늘리기 | (17코) |
| 4단 | 안 1코 늘리기, 안 15, 안 1코 늘리기 | (19코) |
| 5단 | 겉 1코 늘리기, 겉 17, 겉 1코 늘리기 | (21코) |
| 6단 | 안 1코 늘리기, 안 19, 안 1코 늘리기 | (23코) |
| 7단 | 겉 1코 늘리기, 겉 21, 겉 1코 늘리기 | (25코) |
| 8단 | 안 1코 늘리기, 안 23, 안 1코 늘리기 | (27코) |
| 9단 | 겉 1코 늘리기, 겉 25, 겉 1코 늘리기 | (29코) |
| 10단 | 안 1코 늘리기, 안 27, 안 1코 늘리기 | (31코) |
| 11단 | 겉 1코 늘리기, 겉 29, 겉 1코 늘리기 | (33코) |
| 12단 | 안 1코 늘리기, 안 31, 안 1코 늘리기 | (35코) |
| 13단 | 겉 1코 늘리기, 겉 33, 겉 1코 늘리기 | (37코) |
| 14단 | 안 1코 늘리기, 안 35, 안 1코 늘리기 | (39코) |
| 15단 | 겉 1코 늘리기, 겉 38 | (40코) |
| 16단 | 안 1코 늘리기, 안 39 | (41코) |
| 17단 | 겉 1코 늘리기, 겉 40 | (42코) |
| 18단 | 안 1코 늘리기, 안 41 | (43코) |
| 19단 | 겉 43 | (43코) |
| 20단 | 안 43 | (43코) |
| 21-28단 | 메리야스 8단 | |
| 29단 | 겉 2코 모아뜨기, 겉 41 | (42코) |
| 30단 | 안 2코 모아뜨기, 안 40 | (41코) |
| 31단 | 겉 2코 모아뜨기, 겉 39 | (40코) |
| 32단 | 안 2코 모아뜨기, 안 38 | (39코) |
| 33단 | 겉 2코 모아뜨기, 겉 35, 겉 2코 모아뜨기 | (37코) |
| 34단 | 안 2코 모아뜨기, 안 33, 안 2코 모아뜨기 | (35코) |
| 35단 | 겉 2코 모아뜨기, 겉 31, 겉 2코 모아뜨기 | (33코) |
| 36단 | 안 2코 모아뜨기, 안 29, 안 2코 모아뜨기 | (31코) |
| 37단 | 겉 2코 모아뜨기, 겉 27, 겉 2코 모아뜨기 | (29코) |
| 38단 | 안 2코 모아뜨기, 안 25, 안 2코 모아뜨기 | (27코) |
| 39단 | 겉 2코 모아뜨기, 겉 23, 겉 2코 모아뜨기 | (25코) |
| 40단 | 안 2코 모아뜨기, 안 21, 안 2코 모아뜨기 | (23코) |
| 41단 | 겉 2코 모아뜨기, 겉 19, 겉 2코 모아뜨기 | (21코) |
| 42단 | 안 2코 모아뜨기, 안 17, 안 2코 모아뜨기 | (19코) |
| 43단 | 겉 2코 모아뜨기, 겉 15, 겉 2코 모아뜨기 | (17코) |
| 44단 | 안 2코 모아뜨기, 안 13, 안 2코 모아뜨기 | (15코) |
| 45단 | 겉 15 | (15코) |
| 46단 | 안 15 | (15코) |
| 47-92단 | 1-46단 반복 | |

| 마무리 | 코막기 |
|---|---|

몸통 반쪽 가운데에 바닥 판을 넣고 창구멍을 남기고 옆 솔기를 꿰맨다.

바닥 판은 홈질로 고정 시킨다. 솜을 넣고 창구멍을 막는다.

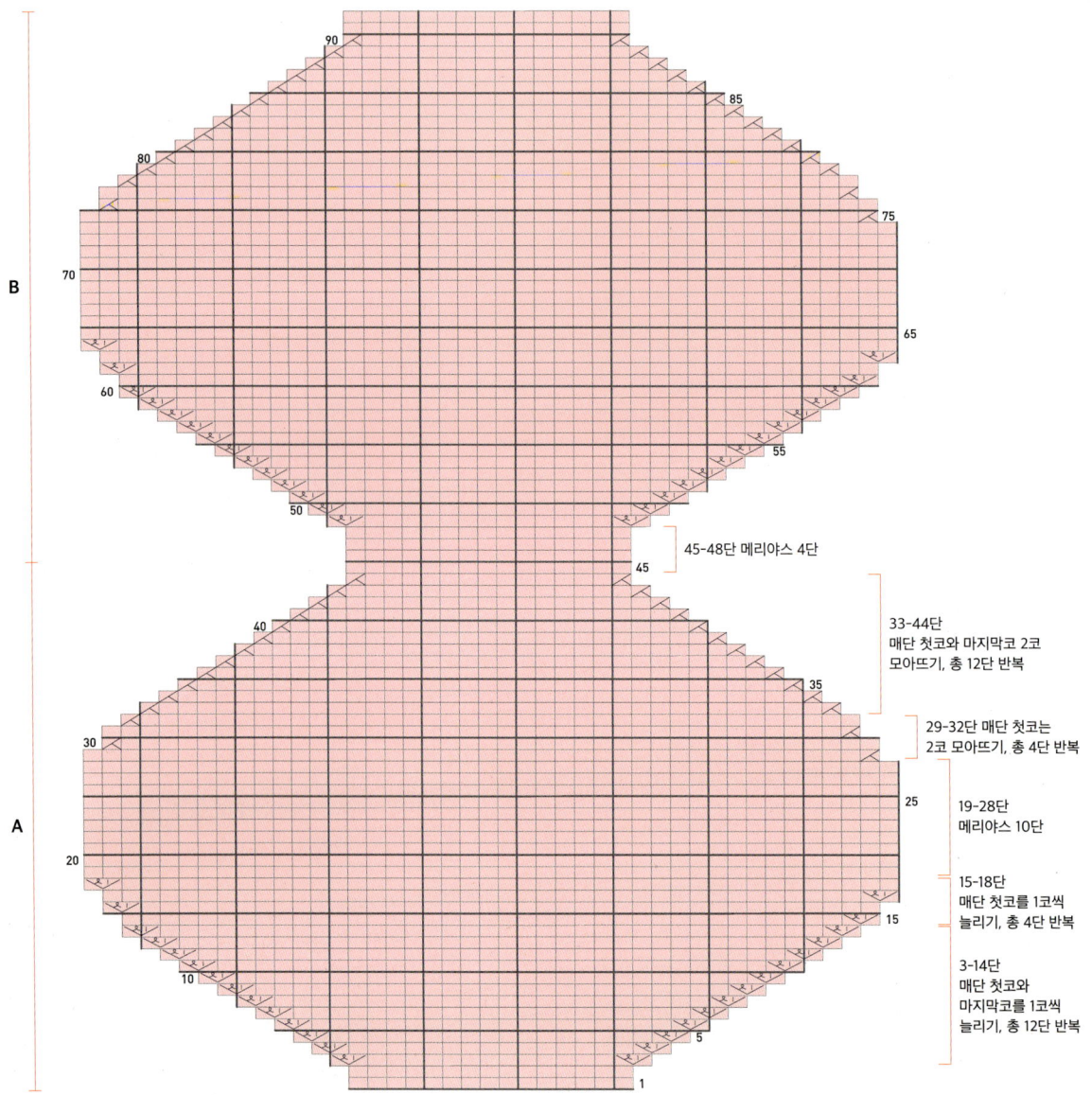

45-48단 메리야스 4단

33-44단
매단 첫코와 마지막코 2코
모아뜨기, 총 12단 반복

29-32단 매단 첫코는
2코 모아뜨기, 총 4단 반복

19-28단
메리야스 10단

15-18단
매단 첫코를 1코씩
늘리기, 총 4단 반복

3-14단
매단 첫코와
마지막코를 1코씩
늘리기, 총 12단 반복

## 머리

● 빈센트 3P 2763 베이비핑크

빈센트 3P 2763 베이비핑크 두 올을 합사한 실로 코를 잡는다.

| | | |
|---|---|---|
| **시작코** | 10코 | |
| **1단** | 겉 10 | (10코) |
| **2단** | 안 10 | (10코) |
| **3단** | 겉 1코 늘리기 10 | (20코) |
| **4단** | 안 20 | (20코) |
| **5단** | [겉 1코 늘리기, 겉 1] 10회 | (30코) |
| **6단** | 안 30 | (30코) |
| **7단** | 겉 30 | (30코) |
| **8단** | 안 30 | (30코) |
| **9단** | [겉 1, 겉 1코 늘리기, 겉 1] 10회 | (40코) |
| **10단** | 안 40 | (40코) |
| **11-18단** | 메리야스 8단 | |
| **19단** | 겉 14, 겉 2코 모아뜨기 6, 겉 14 | (34코) |
| **20단** | 안 34 | (34코) |
| **21-24단** | 메리야스 4단 | |
| **25단** | [겉 2, 겉 2코 모아뜨기] 8회, 겉 2 | (26코) |
| **26단** | 안 26 | (26코) |
| **27단** | [겉 1, 겉 2코 모아뜨기] 8회, 겉 2 | (18코) |
| **28단** | 안 18 | (18코) |
| **29단** | 겉 2코 모아뜨기 9 | (9코) |
| **마무리** | 코모으기 | |

옆 솔기를 꿰매고 솜을 채운 후, 정수리 뒤 창구멍을 막는다.

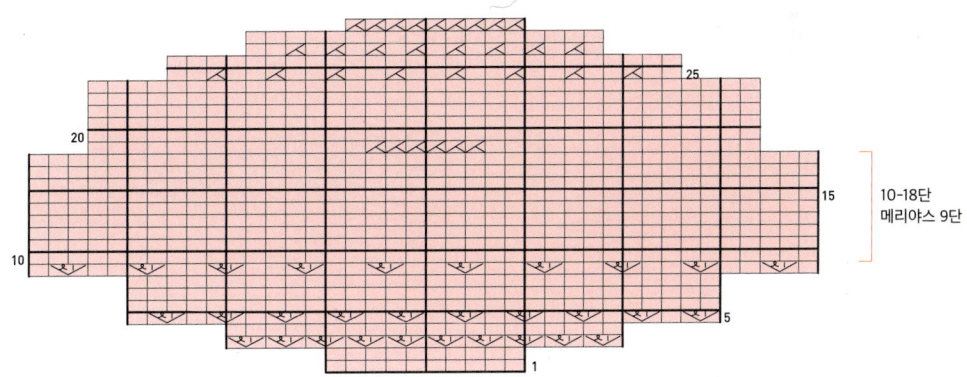

10-18단
메리야스 9단

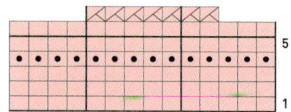

| | | |
|---|---|---|
| ☐ | RS: 겉; WS: 안 | |
| ⊡ | RS: 안; WS: 겉 | |
| ☒ | RS: 겉 2코 모아뜨기; WS: 안 2코 모아뜨기 | |

● 빈센트 3P 2763 베이비핑크

## 코

빈센트 3P 2763 베이비핑크 두 올을 합사한 실로 코를 잡는다.

| **시작코** | 14코 | |
|---|---|---|
| **1단** | 겉 14 | (14코) |
| **2단** | 안 14 | (14코) |
| **3-5단** | 겉 14 | (14코) |
| **6단** | 안 14 | (14코) |
| **7단** | 겉 2코 모아뜨기 7 | (7코) |
| **마무리** | 실을 30cm가량 자른 후, 돗바늘로 코 사이를 통 과하여 코모으기를 한다. | |

옆 솔기를 꿰맨 후 얼굴 가운데에 코를 붙인다. 머리를 몸통 가운 데 붙인다.

## 귀(2장)

● 빈센트 3P 2763 베이비핑크

| | | |
|---|---|---|
| ☐ | RS: 겉; WS: 안 | |
| ☒ | RS: 겉 2코 모아뜨기; WS: 안 2코 모아뜨기 | |

빈센트 3P 2763 베이비핑크 두 올을 합사한 실로 코를 잡는다.

| **시작코** | 8코 | |
|---|---|---|
| **1단** | 겉 8 | (8코) |
| **2단** | 안 8 | (8코) |
| **3-4단** | 메리야스 2단 | |
| **5단** | 겉 2코 모아뜨기, 겉 6 | (7코) |
| **6단** | 안 2코 모아뜨기, 안 5 | (6코) |
| **7단** | 겉 6 | (6코) |
| **8단** | 안 6 | (6코) |
| **9단** | 겉 2코 모아뜨기, 겉 4 | (5코) |
| **10단** | 안 2코 모아뜨기, 안 3 | (4코) |
| **11단** | 겉 4 | (4코) |
| **12단** | 안 4 | (4코) |
| **13단** | 겉 2코 모아뜨기, 겉 2 | (3코) |

| **14단** | 안 2코 모아뜨기, 안 1 | (2코) |
|---|---|---|
| **마무리** | 코모으기 | |

반으로 접어 머리 양쪽에 붙인다.

**Point 1 머리에 귀 고정하기**

귀가 반으로 접히게 핀으로 고정한 후 꿰맨다.

## 다리(4장)

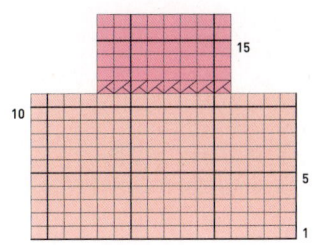

빈센트 3p 2764 인디핑크
빈센트 3P 2763 베이비핑크

RS: 겉; WS: 안
RS: 겉 2코 모아뜨기; WS: 안 2코 모아뜨기

빈센트 3P 2763 베이비핑크 두 올을 합사한 실로 코를 잡는다.

| | | |
|---|---|---|
| **시작코** | 16코 | |
| **1단** | 겉 16 | (16코) |
| **2단** | 안 16 | (16코) |
| **3-11단** | 메리야스 9단 | |
| **인디핑크 실로 바꾼다. (두 올 합사)** | | |
| **12단** | 안 2코 모아뜨기 8 | (8코) |
| **13-17단** | 메리야스 5단 | |
| **마무리** | 실을 30cm가량 자른 후, 돗바늘로 코 사이를 통과하여 코모으기를 한다. | |

옆 솔기를 꿰맨 후 솜을 넣는다. 몸통에 다리를 붙인다.

## 꼬리

빈센트 3P 2763 베이비핑크

RS: 겉; WS: 안
RS: 겉 2코 모아뜨기; WS: 안 2코 모아뜨기

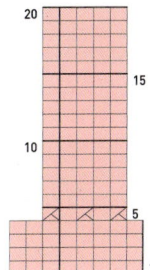

빈센트 3P 2763 베이비핑크 두 올을 합사한 실로 코를 잡는다.

| | | |
|---|---|---|
| **시작코** | 8코 | |
| **1단** | 겉 8 | (8코) |
| **2단** | 안 8 | (8코) |
| **3-4단** | 메리야스 2단 | |
| **5단** | 겉 2코 모아뜨기, [겉 1, 겉 2코 모아뜨기] 2회 | (5코) |
| **6단** | 안 5 | (5코) |
| **7-20단** | 메리야스 14단 | |
| **마무리** | 실을 30cm가량 자른 후, 돗바늘로 코 사이를 통과하여 코모으기를 한다. | |

옆 솔기를 꿰맨 후 다리 사이에 붙인다. 끝부분을 둥글게 말아 꿰매서 고정한다.

# 컵 받침 너구리

## 몸통

● 빈센트 3P 2764 인디핑크

빈센트 3p 2764 인디핑크 두 올을 합사한 실로 시작한다.

| 시작코 | 15코 | |
|---|---|---|
| 1단 | 겉 15 | (15코) |
| 2단 | 안 15 | (15코) |
| 3단 | 겉 1코 늘리기, 겉 13, 겉 1코 늘리기 | (17코) |
| 4단 | 안 1코 늘리기, 안 15, 안 1코 늘리기 | (19코) |
| 5단 | 겉 1코 늘리기, 겉 17, 겉 1코 늘리기 | (21코) |
| 6단 | 안 1코 늘리기, 안 19, 안 1코 늘리기 | (23코) |
| 7단 | 겉 1코 늘리기, 겉 21, 겉 1코 늘리기 | (25코) |
| 8단 | 안 1코 늘리기, 안 23, 안 1코 늘리기 | (27코) |
| 9단 | 겉 1코 늘리기, 겉 25, 겉 1코 늘리기 | (29코) |
| 10단 | 안 1코 늘리기, 안 27, 안 1코 늘리기 | (31코) |
| 11단 | 겉 1코 늘리기, 겉 29, 겉 1코 늘리기 | (33코) |
| 12단 | 안 1코 늘리기, 안 31, 안 1코 늘리기 | (35코) |
| 13단 | 겉 1코 늘리기, 겉 33, 겉 1코 늘리기 | (37코) |
| 14단 | 안 1코 늘리기, 안 35, 안 1코 늘리기 | (39코) |
| 15단 | 겉 1코 늘리기, 겉 38 | (40코) |
| 16단 | 안 1코 늘리기, 안 39 | (41코) |
| 17단 | 겉 1코 늘리기, 겉 40 | (42코) |
| 18단 | 안 1코 늘리기, 안 41 | (43코) |
| 19단 | 겉 43 | (43코) |
| 20단 | 안 43 | (43코) |
| 21-28단 | 메리야스 8단 | |
| 29단 | 겉 2코 모아뜨기, 겉 41 | (42코) |
| 30단 | 안 2코 모아뜨기, 안 40 | (41코) |
| 31단 | 겉 2코 모아뜨기, 겉 39 | (40코) |
| 32단 | 안 2코 모아뜨기, 안 38 | (39코) |
| 33단 | 겉 2코 모아뜨기, 겉 35, 겉 2코 모아뜨기 | (37코) |
| 34단 | 안 2코 모아뜨기, 안 33, 안 2코 모아뜨기 | (35코) |
| 35단 | 겉 2코 모아뜨기, 겉 31, 겉 2코 모아뜨기 | (33코) |
| 36단 | 안 2코 모아뜨기, 안 29, 안 2코 모아뜨기 | (31코) |
| 37단 | 겉 2코 모아뜨기, 겉 27, 겉 2코 모아뜨기 | (29코) |
| 38단 | 안 2코 모아뜨기, 안 25, 안 2코 모아뜨기 | (27코) |
| 39단 | 겉 2코 모아뜨기, 겉 23, 겉 2코 모아뜨기 | (25코) |
| 40단 | 안 2코 모아뜨기, 안 21, 안 2코 모아뜨기 | (23코) |
| 41단 | 겉 2코 모아뜨기, 겉 19, 겉 2코 모아뜨기 | (21코) |
| 42단 | 안 2코 모아뜨기, 안 17, 안 2코 모아뜨기 | (19코) |
| 43단 | 겉 2코 모아뜨기, 겉 15, 겉 2코 모아뜨기 | (17코) |
| 44단 | 안 2코 모아뜨기, 안 13, 안 2코 모아뜨기 | (15코) |
| 45단 | 겉 15 | (15코) |
| 46단 | 안 15 | (15코) |
| 47-92단 | 1-46 반복 | |

**마무리**      코막기

몸통 반쪽 가운데에 바닥 판을 넣고 창구멍을 남기고 옆 솔기를 꿰맨다.

바닥 판은 홈질로 고정 시킨다. 솜을 넣고 창구멍을 막는다.

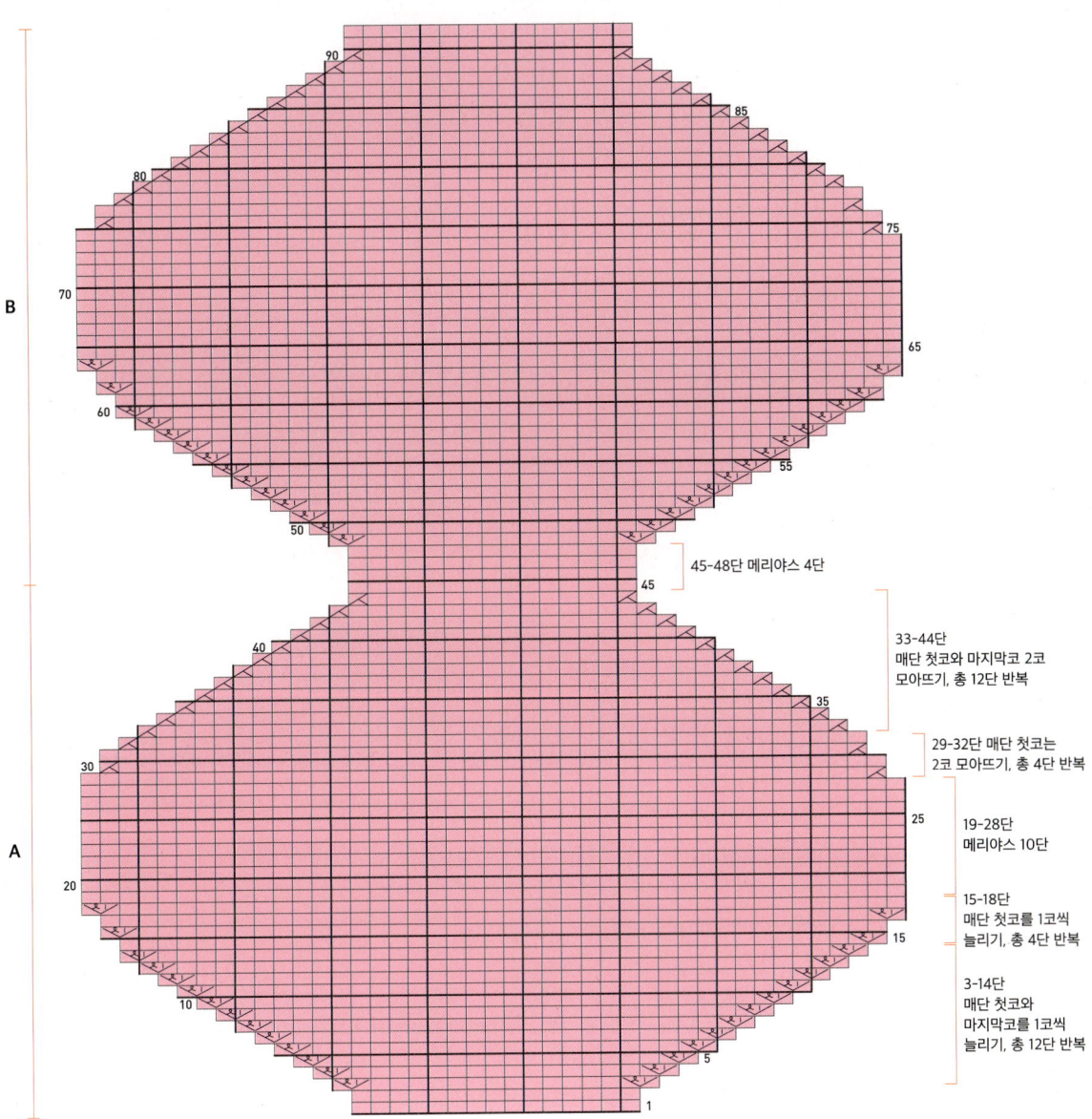

90

85

80

75

B

70

65

60

55

50

45-48단 메리야스 4단

45

33-44단
매단 첫코와 마지막코 2코
모아뜨기, 총 12단 반복

40

35

29-32단 매단 첫코는
2코 모아뜨기, 총 4단 반복

30

25

19-28단
메리야스 10단

A

20

15-18단
매단 첫코를 1코씩
늘리기, 총 4단 반복

15

3-14단
매단 첫코와
마지막코를 1코씩
늘리기, 총 12단 반복

10

5

1

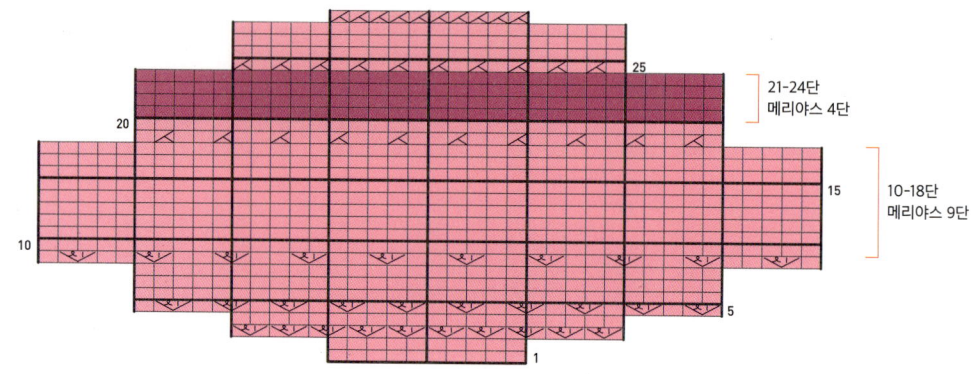

## 머리

- 🔴 빈센트 3P 2764 인디핑크
- 🟣 빈센트 3P 2775 체리핑크

- ☐ RS: 겉; WS: 안
- ⊠ RS: 겉 1코 늘리기; WS: 안 1코 늘리기
- ⊠ RS: 겉 2코 모아뜨기; WS: 안 2코 모아뜨기

빈센트 3p 2764 인디핑크 두 올을 합사한 실로 시작한다.

| 시작코 | 10코 | |
|---|---|---|
| 1단 | 겉 10 | (10코) |
| 2단 | 안 10 | (10코) |
| 3단 | 겉 1코 늘리기 10 | (20코) |
| 4단 | 안 20 | (20코) |
| 5단 | [겉 1코 늘리기, 겉 1] 10회 | (30코) |
| 6단 | 안 30 | (30코) |
| 7단 | 겉 30 | (30코) |
| 8단 | 안 30 | (30코) |
| 9단 | [겉 1, 겉 1코 늘리기, 겉 1] 10회 | (40코) |
| 10단 | 안 40 | (40코) |
| 11-18단 | 메리야스 8단 | |
| 19단 | [겉 1, 겉 2코 모아뜨기, 겉 1] 10회 | (30코) |
| 20단 | 안 30 | (30코) |

체리핑크 실로 바꾼다. (두 올 합사)

| 21-24단 | 메리야스 4단 | |
|---|---|---|

인디핑크 실로 바꾼다. (두 올 합사)

| 25단 | [겉 1, 겉 2코 모아뜨기] 10회 | (20코) |
|---|---|---|
| 26단 | 안 20 | (20코) |
| 27단 | 겉 20 | (20코) |
| 28단 | 안 20 | (20코) |
| 29단 | 겉 2코 모아뜨기 10 | (10코) |
| 마무리 | 실을 30cm가량 자른 후, 돗바늘로 코 사이를 통과하여 코모으기를 한다. | |

옆 솔기를 꿰맨 후, 솜을 넣고 구멍을 막는다.

21-24단
메리야스 4단

10-18단
메리야스 9단

## 귀(2장)

- 🔴 빈센트 3P 2764 인디핑크
- 🟣 빈센트 3P 2775 체리핑크

- ☐ RS: 겉; WS: 안
- ⊠ RS: 겉 1코 늘리기; WS: 안 1코 늘리기
- ⊠ RS: 겉 2코 모아뜨기; WS: 안 2코 모아뜨기

빈센트 3P 2775 체리핑크 두 올을 합사한 실로 시작한다.

| 시작코 | 8코 | |
|---|---|---|
| 1단 | 겉 8 | (8코) |
| 2단 | 안 8 | (8코) |
| 3단 | 겉 2코 모아뜨기, 겉 6 | (7코) |
| 4단 | 안 2코 모아뜨기, 안 5 | (6코) |
| 5단 | 겉 2코 모아뜨기, 겉 4 | (5코) |
| 6단 | 안 2코 모아뜨기, 안 3 | (4코) |
| 7단 | 겉 4 | (4코) |
| 8단 | 안 4 | (4코) |

인디핑크 실로 바꾼다. (두 올 합사)

| 9단 | 겉 4 | (4코) |
|---|---|---|
| 10단 | 안 4 | (4코) |
| 11단 | 겉 1코 늘리기, 겉 3 | (5코) |
| 12단 | 안 1코 늘리기, 안 4 | (6코) |
| 13단 | 겉 1코 늘리기, 겉 5 | (7코) |

| 14단 | 안 1코 늘리기, 안 6 | (8코) |
|---|---|---|
| 15단 | 겉 8 | (8코) |
| 16단 | 안 8 | (8코) |
| 마무리 | 코막기 | |

귀를 반으로 접어 옆 솔기를 꿰맨 후, 얼굴 양쪽에 붙인다.
귀를 붙인 머리를 몸통에 붙인다.

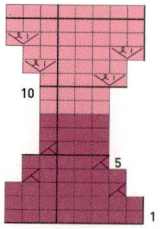

## 다리(4장)

빈센트 3p 2764 인디핑크 두 올을 합사한 실로 시작한다.

| | | |
|---|---|---|
| **시작코** | 14코 | |
| **1단** | 겉 14 | (14코) |
| **2단** | 안 14 | (14코) |
| **3-7단** | 메리야스 5단 | |
| **8단** | 안 2코 모아뜨기 7 | (7코) |

체리핑크 실로 바꾼다. (두 올 합사)

| | | |
|---|---|---|
| **9-15단** | 메리야스 7단 | (7코) |
| **마무리** | 실을 30cm가량 자른 후, 돗바늘로 코 사이를 통과하여 코모으기를 한다. | |

옆 솔기를 꿰맨 후 솜을 넣는다. 몸통에 다리를 붙인다.

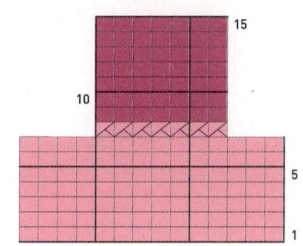

## 꼬리

빈센트 3p 2764 인디핑크 두 올을 합사한 실로 시작한다. 도안을 보며 도안에 맞게 두 올을 합사한 실 색을 바꾼다.

| | | |
|---|---|---|
| **시작코** | 20코 | |
| **1단** | 겉 20 | (20코) |
| **2단** | 안 20 | (20코) |
| **3-28단** | 메리야스 26단 | |
| **29단** | 겉 2코 모아뜨기 10 | (10코) |
| **마무리** | 실을 30cm가량 자른 후, 돗바늘로 코 사이를 통과하여 코모으기를 한다. | |

옆 솔기를 꿰맨 후 솜을 넣는다. 뒷다리 사이에 꼬리를 붙인다.

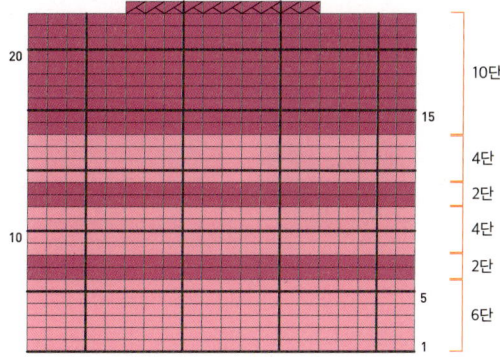

도안을 따라 실 색을 바꿔가며 메리야스 뜨기를 한다.

손끝에서 피어나는 이야기

# 동화 속 손가락 캐릭터 인형

독일의 문학가 괴테의 상상력의 원천은 그의 할머니가 만들어준 인형극장이었습니다. 그는 자신만의 인형극
을 만들며 유년시절을 보냈다고 합니다. 손가락 인형으로 우리 아이에게 멋진 인형극장을 만들어 주세요.

# 엄마 곰, 아빠 곰, 아기 곰

**사이즈**  　**아빠 곰, 엄마 곰**  2 × 10cm
　　　　　**아기 곰**  2 × 8cm

**준비물**  　**바늘**  3.0mm 줄바늘
　　　　　**실**  빈센트 3P (두 올을 합사하여 사용한다.)
　　　　　**엄마 곰**  2731 흰색, 2752 핑크, 2764 인디핑크, 2770 러브머스타드, 2734 딥그레이(스티치),
　　　　　　　　　2748 레드브라운(스티치)
　　　　　**아빠 곰**  2731 흰색, 2745 다크블루, 2758 딥베이지, 2762 오션블루, 2766 파스텔블루,
　　　　　　　　　2734 딥그레이(스티치), 2748 레드브라운(스티치)
　　　　　**아기 곰**  2731 흰색, 2751 레몬티, 2758 딥베이지, 2737 옐로우, 2734 딥그레이(스티치),
　　　　　　　　　2748 레드브라운(스티치) 2734 딥그레이(스티치)

　　　　　**기타재료**  구름솜, 겹자, 니트핀, 돗바늘

**만들기
순서**

**엄마 곰**
01 몸통과 머리는 정수리부터 시작해서 옆 솔기를 꿰맨다.
02 머리 부분에만 솜을 넣는다.
03 귀를 둥근 모양을 만든 후 머리에 붙인다.
04 칼라와 앞치마를 붙인다.
05 눈, 코, 입을 스티치로 표현한다.

**아빠 곰**
01 몸통과 머리는 정수리부터 시작해서 옆 솔기를 꿰맨다.
02 머리 부분에만 솜을 넣는다.
03 귀를 둥근 모양을 만든 후 머리에 붙인다.
04 칼라와 넥타이를 붙인다.
05 눈, 코, 입을 스티치로 표현한다.

**아기 곰**
01 몸통과 머리는 정수리부터 시작해서 옆 솔기를 꿰맨다.
02 머리 부분에만 솜을 넣는다.
03 귀를 둥근 모양을 만든 후 머리에 붙인다.
04 칼라와 노리개를 붙인다.
05 눈, 코, 입을 스티치로 표현한다.
06 단추는 중앙에 스티치로 만든다.

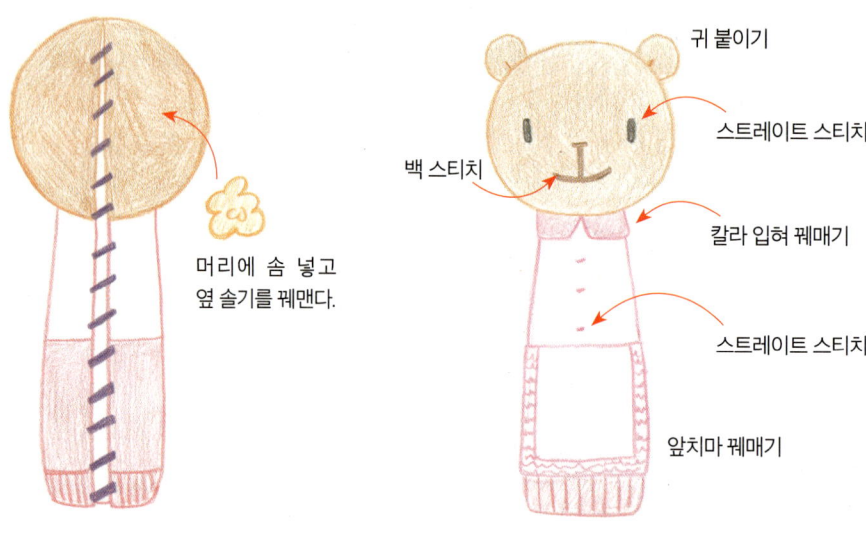

머리에 솜 넣고
옆 솔기를 꿰맨다.

귀 붙이기

스트레이트 스티치

백 스티치

칼라 입혀 꿰매기

스트레이트 스티치

앞치마 꿰매기

넥타이 붙이기

스트레이트 스티치

# 엄마 곰

○ 빈센트 3P 2731 흰색
● 빈센트 3P 2752 핑크
● 빈센트 3P 2770 러브머스타드

| | RS: 겉; WS: 안 |
|---|---|
| ⦿ | RS: 안; WS: 겉 |
| | RS: 겉 1코 늘리기; WS: 안 1코 늘리기 |
| | RS: 겉 2코 모아뜨기; WS: 안 2코 모아뜨기 |

## 몸

빈센트 3P 2752 핑크 두 올을 합사하여 시작한다.

| | | |
|---|---|---|
| 시작코 | 20코 | |
| 1단 | [겉 1, 안 1] 10회 | (20코) |
| 2단 | [겉 1, 안 1] 10회 | (20코) |
| 3-4단 | 1-2단 반복 | |
| 5-18단 | 메리야스 14단 | |
| 흰색 실로 바꾼다. (두 올 합사) | | |
| 19-28단 | 메리야스 10단 | |
| 29단 | 겉 2코 모아뜨기 10 | (10코) |
| 러브머스타드 실로 바꾼다. (두 올 합사) | | |
| 30단 | 안 10 | (10코) |
| 31단 | 겉 1코 늘리기 10 | (20코) |
| 32단 | 안 20 | (20코) |
| 33단 | [겉 1, 겉 1코 늘리기] 10회 | (30코) |
| 34단 | 안 30 | (30코) |
| 35-44단 | 메리야스 10단 | |
| 45단 | [겉 1, 겉 2코 모아뜨기] 10회 | (20코) |
| 46단 | 안 20 | (20코) |
| 47단 | 겉 2코 모아뜨기 10 | (10코) |
| 48단 | 안 10 | (10코) |
| 마무리 | 실을 30cm가량 자른 후, 돗바늘로 코 사이를 통과하여 코모으기를 한다. | |

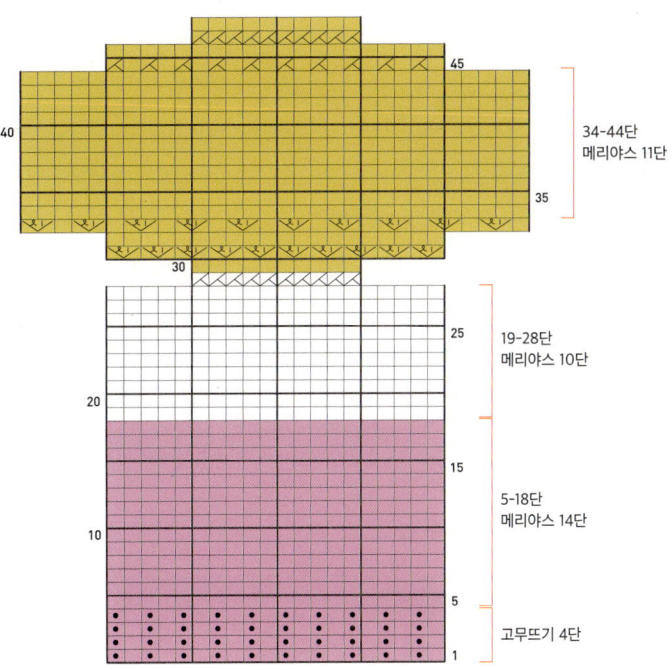

## 귀(2장)

● 빈센트 3P 2770 러브머스타드

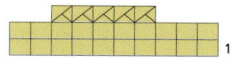

| ☐ RS: 겉; WS: 안 |
| --- |
| ☒ RS: 겉 2코 모아뜨기; WS: 안 2코 모아뜨기 |

빈센트 3P 2770 러브머스타드 두 올을 합사하여 시작한다.

| 시작코 | 10코 | |
|---|---|---|
| 1단 | 겉 10 | (10코) |
| 2단 | 안 10 | (10코) |
| 3단 | 겉 2코 모아뜨기 5 | (5코) |
| 마무리 | 실을 30cm가량 자른 후, 돗바늘로 코 사이를 통과하여 코모으기를 한다. | |

시작단의 첫 코와 마지막 코를 걸어줘서 귀를 동글게 만든다.

## 칼라

● 빈센트 3p 2764 인디핑크  ☐ RS: 겉; WS: 안

빈센트 3p 2764 인디핑크 두 올을 합사하여 시작한다.

| 시작코 | 14코 | |
|---|---|---|
| 1단 | 겉 14 | (14코) |
| 2단 | 안 14 | (14코) |
| 마무리 | 코막기 | |

## 앞치마

○ 빈센트 3P 2731 흰색

| ☐ RS: 겉; WS: 안 |
| --- |
| ⊡ RS: 안; WS: 겉 |

빈센트 3P 2731 흰색 두 올을 합사하여 시작한다.

| 시작코 | 14코 | |
|---|---|---|
| 1-3단 | 겉 14 | |
| 4단 | 겉 2, 안 10회, 겉 2 | (14코) |
| 5-16단 | 3-4단을 7회 반복 | |
| 마무리 | 코막기 | |

허리 단에 붙여서 꿰맨다.

# 아빠 곰

● 빈센트 3P 2745 다크블루
○ 빈센트 3P 2731 흰색
● 빈센트 3P 2758 딥베이지

| | |
|---|---|
| □ | RS: 겉; WS: 안 |
| ⊡ | RS: 안; WS: 겉 |
| ⋎ | RS: 겉 1코 늘리기; WS: 안 1코 늘리기 |
| ⧅ | RS: 겉 2코 모아뜨기; WS: 안 2코 모아뜨기 |

## 몸

빈센트 3P 2745 다크블루 두 올을 합사하여 시작코를 잡는다.

| | | |
|---|---|---|
| 시작코 | 20코 | |
| 1단 | [겉 1, 안 1] 10회 | (20코) |
| 2-4단 | 1단을 3회 반복 | |
| 5단 | 겉 20 | (20코) |
| 6단 | 안 20 | (20코) |
| 7단 | [겉 1, 겉 1코 늘리기] 10회 | (30코) |
| 8단 | 안 30 | (30코) |
| 9-18단 | 메리야스 10단 | |

흰색 실로 바꾼다. (두 올 합사)

| | | |
|---|---|---|
| 19-24단 | 메리야스 6단 | |
| 25단 | [겉 1, 겉 2코 모아뜨기] 10회 | (20코) |
| 26단 | 안 20 | (20코) |
| 27단 | 겉 20 | (20코) |
| 28단 | 안 20 | (20코) |
| 29단 | 겉 2코 모아뜨기 10 | (10코) |

러브머스타드 실로 바꾼다. (두 올 합사)

| | | |
|---|---|---|
| 30단 | 안 10 | (10코) |

| | | |
|---|---|---|
| 31단 | 겉 1코 늘리기 10 | (20코) |
| 32단 | 안 20 | (20코) |
| 33단 | [겉 1, 겉 1코 늘리기] 10회 | (30코) |
| 34단 | 안 30 | (30코) |
| 35-44단 | 메리야스 10단 | |
| 45단 | [겉 1, 겉 2코 모아뜨기] 10회 | (20코) |
| 46단 | 안 20 | (20코) |
| 47단 | 겉 2코 모아뜨기 10 | (10코) |
| 48단 | 안 10 | (10코) |
| 마무리 | 실을 30cm가량 자른 후, 돗바늘로 코 사이를 통과하여 코모으기를 한다. | |

옆 솔기를 꿰매고, 머리에 솜을 채운다.

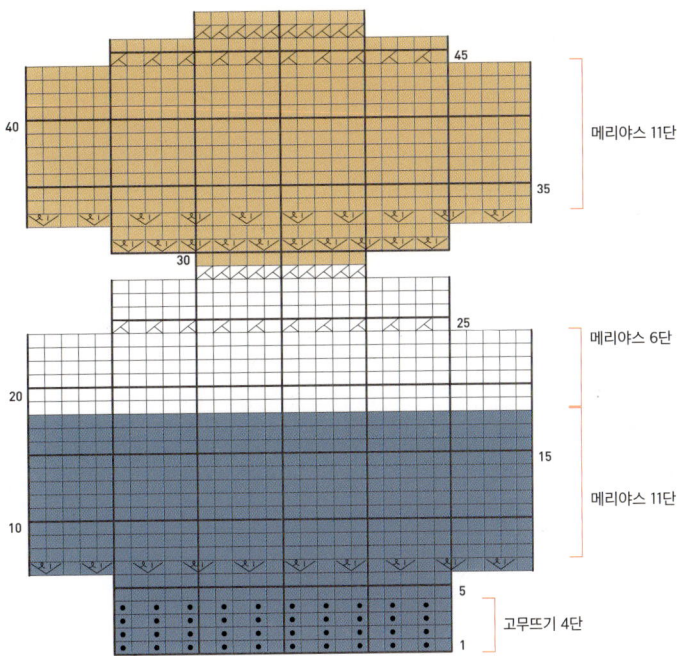

메리야스 11단

메리야스 6단

메리야스 11단

고무뜨기 4단

## 귀(2장)

● 빈센트 3P 2758 딥베이지

☐ RS: 겉; WS: 안
☒ RS: 겉 2코 모아뜨기; WS: 안 2코 모아뜨기

빈센트 3P 2758 딥베이지 두 올을 합사하여 시작코를 잡는다.

| | | |
|---|---|---|
| **시작코** | 10코 | |
| **1단** | 겉 10 | (10코) |
| **2단** | 안 10 | (10코) |
| **3단** | 겉 2코 모아뜨기 5 | (5코) |
| **마무리** | 실을 30cm가량 자른 후, 돗바늘로 코 사이를 통과하여 코모으기를 한다. | |

시작단의 첫 코와 마지막 코를 걸어줘서 귀를 동글게 만든다.
얼굴 양쪽에 귀를 붙인다.

## 칼라

● 빈센트 3p 2766 파스텔블루

☐ RS: 겉; WS: 안

빈센트 3P 2766 파스텔 블루 두 올을 합사하여 시작코를 잡는다.

| | | |
|---|---|---|
| **시작코** | 14코 | |
| **1단** | 겉 14 | (14코) |
| **2단** | 안 14 | (14코) |
| **마무리** | 코막기 | |

목에 칼라를 두르고 묶는다.

## 넥타이

● 빈센트 3P 2762 오션블루

☐ RS: 겉; WS: 안
☒ RS: 겉 2코 모아뜨기; WS: 안 2코 모아뜨기

빈센트 3P 2762 오션블루 두 올을 합사하여 시작코를 잡는다.

| | | |
|---|---|---|
| **시작코** | 5코 | |
| **1단** | 겉 5 | (5코) |
| **2단** | 안 5 | (5코) |
| **3-10단** | 메리야스 8단 | |
| **11단** | 겉 2코 모아뜨기, 겉 3 | (4코) |
| **12단** | 안 2코 모아뜨기, 안 2 | (3코) |
| **13단** | 겉 2코 모아뜨기, 겉 1 | (2코) |
| **14단** | 안 2코 모아뜨기 | (1코) |
| **마무리** | 실을 15cm가량 자른 후, 남은 1코에 실을 걸어서 마무리한다. | |

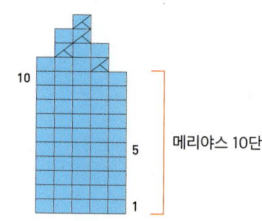

넥타이 4단 부위를 실로 감아 묶고, 칼라 사이에 붙인다.

# 아기 곰

● 빈센트 3P 2758 딥베이지
● 빈센트 3P 2751 레몬티

| | RS: 겉; WS: 안 |
|---|---|
| | RS: 안; WS: 겉 |
| | RS: 겉 1코 늘리기; WS: 안 1코 늘리기 |
| | RS: 겉 2코 모아뜨기; WS: 안 2코 모아뜨기 |

## 몸

빈센트 3P 2751 레몬티 두 올을 합사하여 시작코를 잡는다.

| 시작코 | 20코 | |
|---|---|---|
| 1단 | [겉 1, 안 1] 10회 | (20코) |
| 2단 | [겉 1, 안 1] 10회 | (20코) |
| 3-4단 | 1-2단 반복 | |
| 5단 | 겉 20 | (20코) |
| 6단 | 안 20 | (20코) |
| 7-24단 | 메리야스 18단 | |
| 25단 | 겉 2코 모아뜨기 10 | (10코) |

딥베이지 실로 바꾼다. (두 올 합사)

| 26단 | 안 10 | (10코) |
|---|---|---|
| 27단 | 겉 1코 늘리기 10 | (20코) |
| 28단 | 안 20 | (20코) |
| 29단 | [겉 1, 겉 1코 늘리기] 10회 | (30코) |
| 30단 | 안 30 | (30코) |
| 31-40단 | 30-31메리야스 10단 | |
| 41단 | [겉 1, 겉 2코 모아뜨기] 10회 | (20코) |
| 42단 | 안 20 | (20코) |

| 43단 | 겉 2코 모아뜨기 10 | (10코) |
|---|---|---|
| 44단 | 안 10 | (10코) |
| 마무리 | 실을 30cm가량 자른 후, 돗바늘로 코 사이를 통과하여 코모으기를 한다. | |

옆 솔기를 꿰매고, 머리에 솜을 채운다.

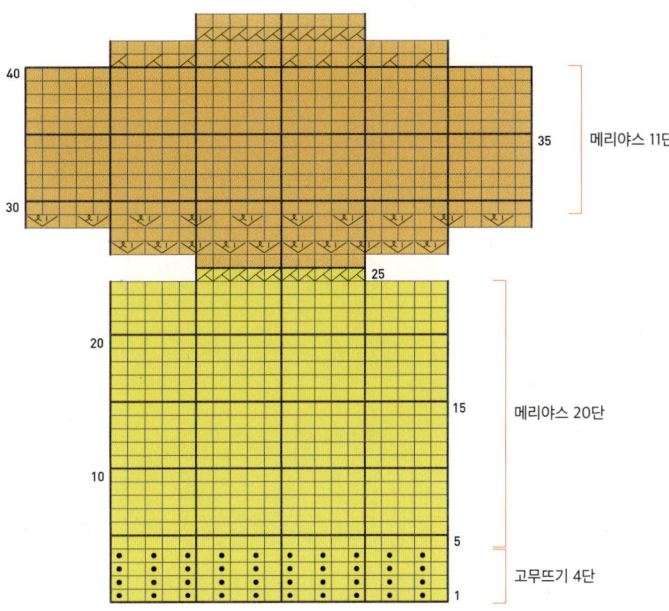

## 귀(2장)

● 빈센트 3P 2758 딥베이지

□ RS: 겉; WS: 안
⊠ RS: 겉 2코 모아뜨기; WS: 안 2코 모아뜨기

빈센트 3P 2758 딥베이지 두 올을 합사하여 시작코를 잡는다.

| | | |
|---|---|---|
| **시작코** | 10코 | |
| **1단** | 겉 10 | (10코) |
| **2단** | 안 10 | (10코) |
| **3단** | 겉 2코 모아뜨기 5 | (5코) |
| **마무리** | 실을 30cm가량 자른 후, 돗바늘로 코 사이를 통과하여 코모으기를 한다. | |

시작단의 첫 코와 마지막 코를 걸어줘서 귀를 동글게 만든다. 얼굴 양쪽에 귀를 붙인다.

## 칼라

● 빈센트 3p 2737 옐로우     □ RS: 겉; WS: 안

빈센트 3P 2737 옐로우 두 올을 합사하여 시작코를 잡는다.

| | | |
|---|---|---|
| **시작코** | 14코 | |
| **1단** | 겉 14 | (14코) |
| **2단** | 안 14 | (14코) |
| **마무리** | 코막기 | |

목에 칼라를 두르고 묶는다.

## 노리개

○ 빈센트 3P 2731 흰색
□ RS: 겉; WS: 안
▭ 코막기

빈센트 3P 2731 흰색 두 올을 합사하여 시작코를 잡는다.

| | |
|---|---|
| **시작코** | 8코 |
| **마무리** | 실을 30cm가량 자른 후, 돗바늘로 코 사이를 통과하여 코모으기를 한다. |

시작단의 첫 코와 마지막 코를 걸어줘서 동글게 만든다. 입에 노리개를 붙인다.

# 아기돼지 삼 형제와 늑대

**사이즈**  **아기돼지 삼 형제** 2×9cm
**늑대** 3×11cm

**준비물**  **바늘** 3.0mm 줄바늘
**실** 빈센트 3P (두 올을 합사하여 사용한다.)
**아기돼지 삼 형제** 2738 파스텔핑크, 2759 니트러브핑크, 2764 인디핑크, 2740 레드,
2747 블루, 2746 그린, 2731 흰색, 2782 코코아(스티치)
**늑대** 2783 세이블, 2769 엔틱베이지, 2771 올리브, 2782 코코아(스티치)

**기타재료** 구름솜, 겸자, 니트핀, 돗바늘

**만들기
순서**

**아기돼지 삼 형제**
01 몸통과 머리는 정수리부터 시작해서 옆 솔기를 꿰맨다.
02 머리 부분에만 솜을 넣는다.
03 귀를 머리 양쪽에 붙인다.
04 첫째 돼지는 목에 리본을 만들고, 배꼽에 너트 스티치를 한다.
05 둘째 돼지는 바지 위에 가슴받이와 끈을 만들어 어깨에 붙인다.
06 막내 돼지는 어깨에 케이프를 위아래를 뒤집어 입힌다.

아기돼지 삼 형제는 장식만 다르게 만들면 된다.

**늑대**
01 몸통 옆 솔기를 꿰맨다.
02 머리는 코에서 시작해서 정수리로 끝나게 꿰맨다.
03 머리에 솜을 넣은 후 구멍을 막는다.
04 몸통과 머리를 붙인다.
05 귀를 붙이고 후드를 입혀서 붙인다.
06 눈은 너트 스티치로 입체감 있게 만든다.

늑대는 몸통과 머리를 따로 만들어 붙인다.

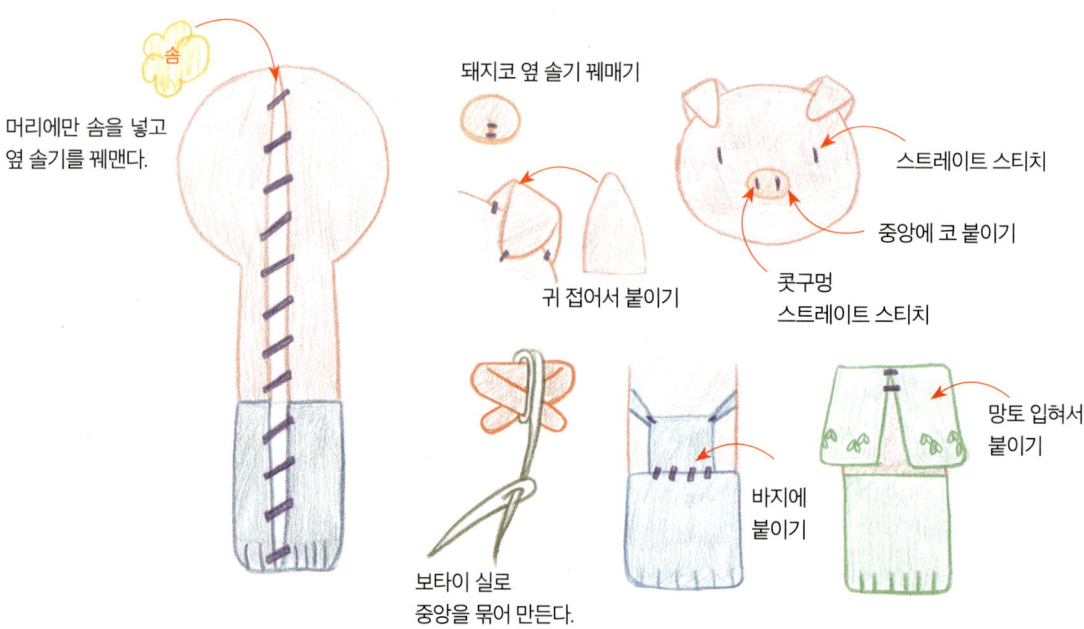

머리에만 솜을 넣고
옆 솔기를 꿰맨다.

돼지코 옆 솔기 꿰매기

스트레이트 스티치

중앙에 코 붙이기

콧구멍
스트레이트 스티치

귀 접어서 붙이기

보타이 실로
중앙을 묶어 만든다.

바지에
붙이기

망토 입혀서
붙이기

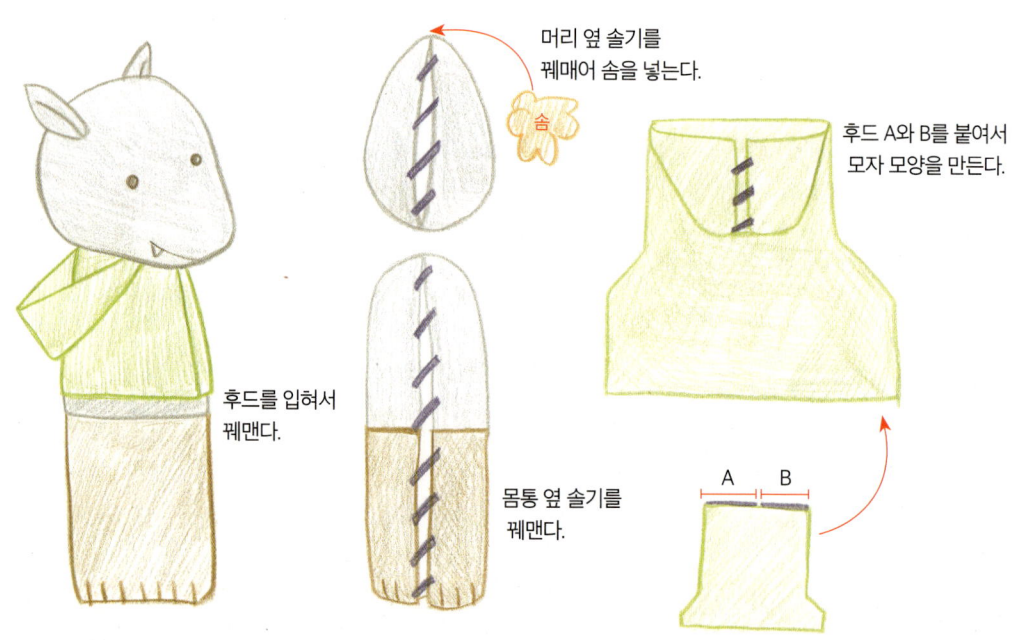

머리 옆 솔기를
꿰매어 솜을 넣는다.

후드 A와 B를 붙여서
모자 모양을 만든다.

후드를 입혀서
꿰맨다.

몸통 옆 솔기를
꿰맨다.

A  B

# 아기돼지 삼 형제

● 빈센트 3P 2740 레드
● 빈센트 3P 2747 블루
● 빈센트 3P 2746 그린
● 빈센트 3P 2738 파스텔핑크 or
　빈센트 3P 2759 니트러브핑크

☐ RS: 겉; WS: 안
⊡ RS: 안; WS: 겉
▨ RS: 겉 1코 늘리기; WS: 안 1코 늘리기
◩ RS: 겉 2코 모아뜨기; WS: 안 2코 모아뜨기

## 몸통+머리

몸통과 머리는 빈센트 3P 2738 파스텔핑크 또는 2759 니트러브핑크 실을 사용한다.

바지 실 색은 첫째는 2740 레드, 둘째는 2747 블루, 막내는 2746 그린 실을 사용한다. 도안에 맞게 실 색을 바꾼다. 바지 색에 맞게 두 올을 합사하여 시작코를 잡는다.

| | | | | | |
|---|---|---|---|---|---|
| 시작코 | 20코 | | 41단 | 겉 2코 모아뜨기 16 | (16코) |
| 1단 | [겉 1, 안 1] 10회 | (20코) | 42단 | 안 16 | (16코) |
| 2단 | [겉 1, 안 1] 10회 | (20코) | 43단 | 겉 2코 모아뜨기 8 | (8코) |
| 3-4단 | 1-2단 반복 | | 마무리 | 실을 30cm가량 자른 후, 돗바늘로 코 사이를 통 | |
| 5단 | 겉 20 | (20코) | | 과하여 코모으기를 한다. | |
| 6단 | 안 20 | (20코) | | | |
| 7-14단 | 메리야스뜨기 8단 | | 옆 솔기를 꿰매고, 머리 부분만 솜을 채운다. | | |

파스텔핑크 또는 니트러브핑크 실로 바꾼다. (두 올 합사)

| | | |
|---|---|---|
| 15-22단 | 메리야스뜨기 8단 | |
| 23단 | [겉 2, 겉 2코 모아뜨기, 겉 1] 4회 | (16코) |
| 24단 | 안 16 | (16코) |
| 25단 | 겉 2코 모아뜨기 8 | (8코) |
| 26단 | 안 8 | (8코) |
| 27단 | 겉 1코 늘리기 8 | (16코) |
| 28단 | 안 16 | (16코) |
| 29단 | 겉 1코 늘리기 16 | (32코) |
| 30단 | 안 32 | (32코) |
| 31단 | 겉 32 | (32코) |
| 32-40단 | 메리야스 8단 | |

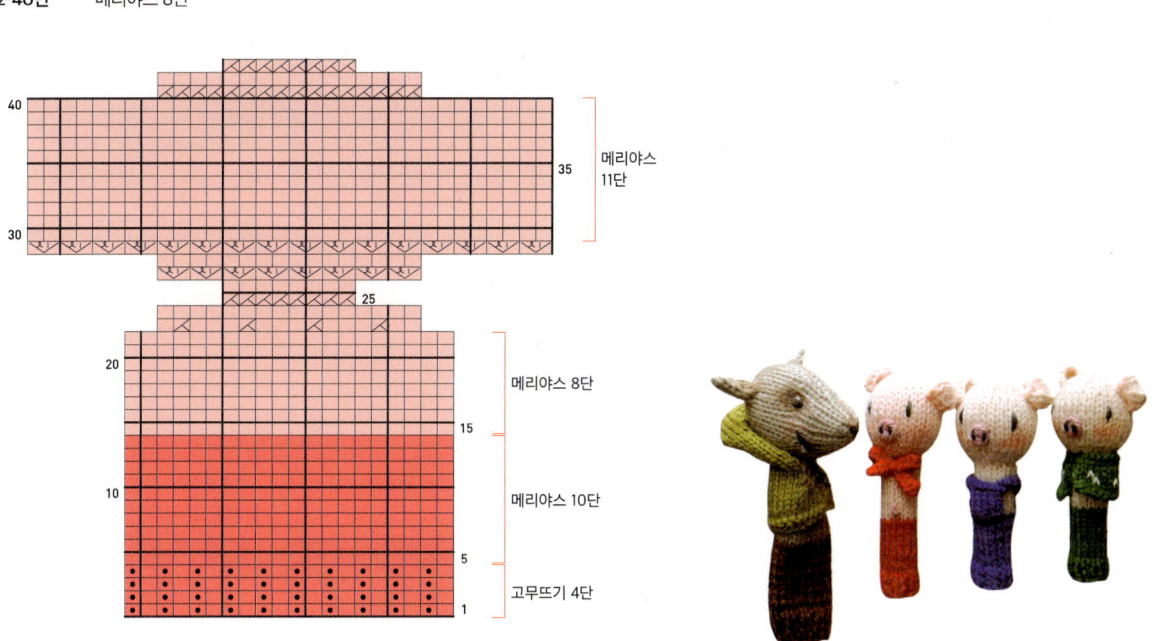

## 귀(2장)

| | | |
|---|---|---|
| | ● 빈센트 3P 2738 파스텔핑크 or | ☐ RS: 겉; WS: 안 |
| | 빈센트 3P 2759 니트러브핑크 | ☒ RS: 겉 2코 모아뜨기; WS: 안 2코 모아뜨기 |
| | | ◩ WS: 오른코 중심 3코 모아뜨기 |

사용한 몸통과 같은 색실 두 올을 합사하여 시작코를 잡는다.

| | | |
|---|---|---|
| **시작코** | 7코 | |
| **1단** | 겉 7 | (7코) |
| **2단** | 안 7 | (7코) |
| **3-4단** | 메리야스 2단 | |
| **5단** | 겉 2코 모아뜨기, 겉 3, 겉 2코 모아뜨기 | (5코) |
| **6단** | 안 5 | (5코) |
| **7단** | 겉 2코 모아뜨기, 겉 1, 겉 2코 모아뜨기 | (3코) |
| **8단** | 안 3 | (3코) |
| **9단** | 오른코 중심 3코 모아뜨기 | (1코) |
| **마무리** | 실을 잘라서 남은 코에 걸어 마무리한다. | |

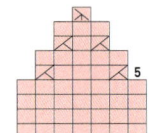

귀는 대칭되도록 하여 꿰매고, 귀 끝도 머리에 붙여 귀가 접혀 보이게 한다.

## 코

| | |
|---|---|
| ● 빈센트 3p 2764 인디핑크 | ☐ 코막기 |

빈센트 3p 2764 인디핑크 두 올을 합사하여 시작코를 잡는다.

| | |
|---|---|
| **시작코** | 10코 |
| **마무리** | 실을 30cm가량 자른 후, 돗바늘로 코 사이를 통과하여 코모으기를 한다. |

옆 솔기를 꿰맨 후, 코는 얼굴 가운데에 붙인다. 콧구멍은 스티치로 모양을 만든다.

## 첫째 돼지 리본

| | |
|---|---|
| ● 빈센트 3P 2740 레드 | ☐ 코막기 |

빈센트 3P 2740 레드 두 올을 합사하여 시작코를 잡는다.

| | |
|---|---|
| **시작코** | 30코 |
| **마무리** | 코막기 |

3등분으로 접어 가운데를 실로 묶어 리본으로 만든다. 첫째 돼지 목에 완성한 리본을 붙인다.

## 둘째 돼지 가슴받이

● 빈센트 3P 2747 블루        ☐ RS: 겉; WS: 안

빈센트 3P 2747 블루 두 올을 합사하여 시작코를 잡는다.

| | | |
|---|---|---|
| **시작코** | 6코 | |
| **1단** | 겉 6 | (6코) |
| **2단** | 안 6 | (6코) |
| **3-6단** | 메리야스 4단 | |
| **마무리** | 코막기 | |

바지 허리 가운데에 붙인다.

## 둘째 돼지 바지 끈(2장)

● 빈센트 3P 2747 블루        ☐ 코막기

빈센트 3P 2747 블루 실로 시작코를 잡는다.

| | |
|---|---|
| **시작코** | 15코 |
| **마무리** | 코막기 |

가슴받이 끝단의 양 끝과 몸통 뒤 허리 부분 가운데에 X자로 붙인다.

## 막내 돼지 케이프

● 빈센트 3P 2746 그린
○ 빈센트 3P 2731 흰색        ☐ RS: 겉; WS: 안

빈센트 3P 2746 그린 두 올을 합사하여 시작코를 잡고, 도안에 따라 두 올 합사한 2731 흰색 실로 바꾼다.

| | | |
|---|---|---|
| **시작코** | 25코 | |
| **1단** | 겉 25 | (25코) |
| **2단** | 안 25 | (25코) |
| **3-6단** | 메리야스 4단 | |
| **마무리** | 코막기 | |

끝단이 밑으로 가도록 상하를 뒤집어서 막내 돼지 목에 둘러 묶는다.

 **늑대**

## 몸

● 빈센트 3P 2783 세이블
● 빈센트 3P 2769 엔틱베이지

☐ RS: 겉; WS: 안
RS: 겉 1코 늘리기; WS: 안 1코 늘리기
RS: 겉 2코 모아뜨기; WS: 안 2코 모아뜨기

빈센트 3P 2783 세이블 두 올을 합사하여 시작코를 잡는다.

| 시작코 | 24코 | |
|---|---|---|
| 1단 | [겉 1, 안 1] 12회 | (24코) |
| 2단 | [겉 1, 안 1] 12회 | (24코) |
| 3-6단 | 1-2단 2회 반복 | |
| 7단 | 겉 24 | (24코) |
| 8단 | 안 24 | (24코) |
| 9-20단 | 메리야스 12단 | |

세이블 실로 바꾼다. (두 올 합사)

| 21-34단 | 메리야스 14단 | |
|---|---|---|
| 35단 | [겉 1, 겉 2코 모아뜨기]] 8회 | (16코) |
| 36단 | 안 16 | (16코) |
| 37단 | 겉 2코 모아뜨기 8 | (8코) |
| 마무리 | 실을 30cm가량 자른 후, 돗바늘로 코 사이를 통과하여 코모으기를 해서 옆 솔기를 꿰맨다. | |

머리 부분에만 솜을 채운 후, 눈 위치를 바늘로 관통하여 당겨 입체감 있게 만든다.

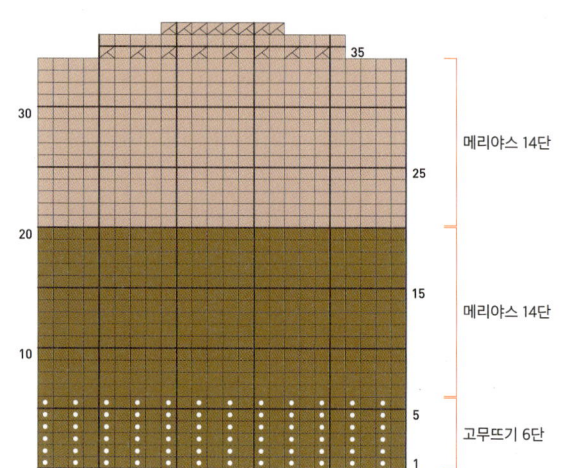

메리야스 14단
메리야스 14단
고무뜨기 6단

## 귀(2장)

● 빈센트 3P 2769 엔틱베이지

☐ RS: 겉; WS: 안
RS: 겉 2코 모아뜨기; WS: 안 2코 모아뜨기
WS: 오른코 중심 3코 모아뜨기

빈센트 3P 2769 엔틱베이지 두 올을 합사하여 시작코를 잡는다.

| 시작코 | 7코 | |
|---|---|---|
| 1단 | 겉 7 | (7코) |
| 2단 | 안 7 | (7코) |
| 3단 | 겉 2코 모아뜨기, 겉 3, 겉 2코 모아뜨기 | (5코) |
| 4단 | 안 5 | (5코) |
| 5단 | 겉 2코 모아뜨기, 겉 1, 겉 2코 모아뜨기 | (3코) |
| 6단 | 안 3 | (3코) |
| 7단 | 오른코 중심 3코 모아뜨기 | (1코) |
| 마무리 | 실을 잘라서 남은 코에 걸어 마무리한다. | |

세로로 접어 머리 양쪽에 뾰족하게 붙인다.

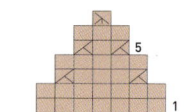

## 머리

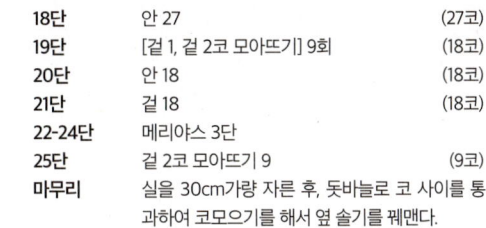

● 빈센트 3P 2769 엔틱베이지

빈센트 3P 2769 엔틱베이지 두 올을 합사하여 시작코를 잡는다.

| 시작코 | 9코 | |
|---|---|---|
| 1단 | 겉 9 | (9코) |
| 2단 | 안 9 | (9코) |
| 3단 | 겉 1코 늘리기 9 | (18코) |
| 4단 | 안 18 | (18코) |
| 5단 | [겉 1, 겉 1코 늘리기] 9회 | (27코) |
| 6단 | 안 27 | (27코) |
| 7단 | 겉 27 | (27코) |
| 8단 | 안 27 | (27코) |
| 9단 | [겉 1, 겉 1코 늘리기, 겉 1] 9회 | (36코) |
| 10단 | 안 36 | (36코) |
| 11단 | 겉 36 | (36코) |
| 12-14단 | 메리야스 3단 | |
| 15단 | [겉 1, 겉 2코 모아뜨기, 겉 1] 9회 | (27코) |
| 16단 | 안 27 | (27코) |
| 17단 | 겉 27 | (27코) |

| 18단 | 안 27 | (27코) |
|---|---|---|
| 19단 | [겉 1, 겉 2코 모아뜨기] 9회 | (18코) |
| 20단 | 안 18 | (18코) |
| 21단 | 겉 18 | (18코) |
| 22-24단 | 메리야스 3단 | |
| 25단 | 겉 2코 모아뜨기 9 | (9코) |
| 마무리 | 실을 30cm가량 자른 후, 돗바늘로 코 사이를 통과하여 코모으기를 해서 옆 솔기를 꿰맨다. | |

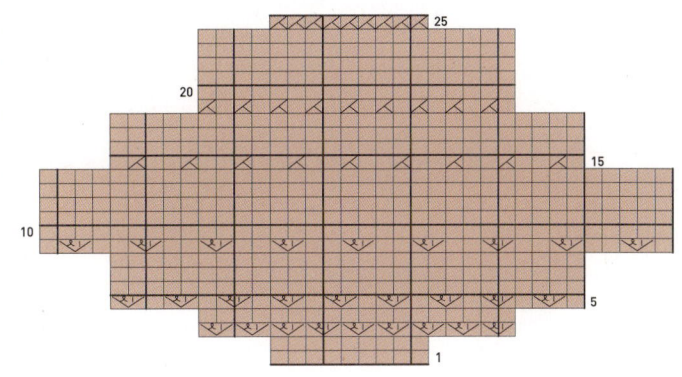

## 후드

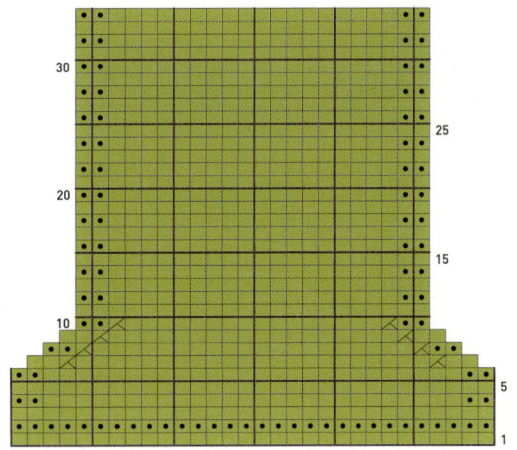

● 빈센트 3P 2771 올리브

빈센트 3P 2771 올리브 두 올을 합사하여 시작코를 잡는다.

| 시작코 | 30코 | |
|---|---|---|
| 1-3단 | 겉 30 | (30코) |
| 4단 | 겉 2, 안 26, 겉 2 | (30코) |
| 5단 | 겉 30 | (30코) |
| 6단 | 겉 2, 안 26, 겉 2 | (30코) |
| 7단 | 겉 2, 겉 2코 모아뜨기, 겉 22, 겉 2코 모아뜨기, 겉 2 | (28코) |
| 8단 | 겉 2, 안 2코 모아뜨기, 안 20, 안 2코 모아뜨기, 겉 2 | (26코) |
| 9단 | 겉 2, 겉 2코 모아뜨기, 겉 18, 겉 2코 모아뜨기, 겉 2 | (24코) |
| 10단 | 겉 2, 안 2코 모아뜨기, 안 16, 안 2코 모아뜨기, 겉 2 | (22코) |
| 11단 | 겉 22 | (22코) |
| 12단 | 겉 2, 안 18, 겉 2 | (22코) |
| 13-34단 | 11-12단 11회 반복 | |
| 마무리 | 코막기 | |

반으로 접어 모자부분을 만든다. 늑대에게 입힌 후, 후드 부분을 꿰매고 스티치로 마무리한다.

쓸 때마다 재미있는
# 동물 휴지 롤&티슈 박스

덩그러니 놓여 있고, 여기저기 굴러다니는 휴지는 보기도 안 좋고 사용하기도 불편합니다. 귀여운 인형으로 만든 휴지 케이스를 소개합니다. 사자와 토끼 입에서 솔솔 나오는 휴지 모습이 재미있습니다.

# 동물 휴지 롤

**사이즈**   지름 11 × 높이 14cm

**준비물**
   **바늘** 3.5mm 줄바늘
   **실** 로트렉
   **토끼** 112 다크핑크, 110 흰색, 119 검정
   **사자** 113 오렌지, 110 흰색, 121 나무, 119 검정

   **기타재료** 구름솜, 겸자, 니트핀, 돗바늘

**만들기
순서**

**토끼**
01 몸통을 원통뜨기로 뜬다.
02 코줍기 라인에서 코를 잡아 얼굴을 만든다.
03 얼굴 사이에 바닥 판을 넣는다.
04 창구멍을 남기고 얼굴 밑판과 위판을 붙인다.
05 창구멍으로 솜을 넣고 창구멍을 막는다.
06 귀와 눈을 붙이고 수염을 스티치로 만든다.

**사자**
01 몸통을 원통뜨기로 뜬다.
02 코줍기 라인에서 코를 잡아 얼굴을 만든다.
03 얼굴 사이에 바닥 판을 넣는다.
04 창구멍을 남기고 얼굴 밑판과 위판을 붙인다.
05 창구멍으로 솜을 넣고 창구멍을 막는다.
06 갈기를 길게 접어 꿰맨다.
07 겸자를 사용하여 코 또는 단 사이로 솜을 넣는다.
08 얼굴에 귀와 갈기를 붙인다.
09 눈을 붙인 후 수염을 스티치로 만든다.

**토끼 귀**
마주 보게 접어 바느질한 후 머리 양쪽에
붙인다.

**눈**
바느질한 후 솜을 조금 넣고 얼굴 양쪽에
붙인다.

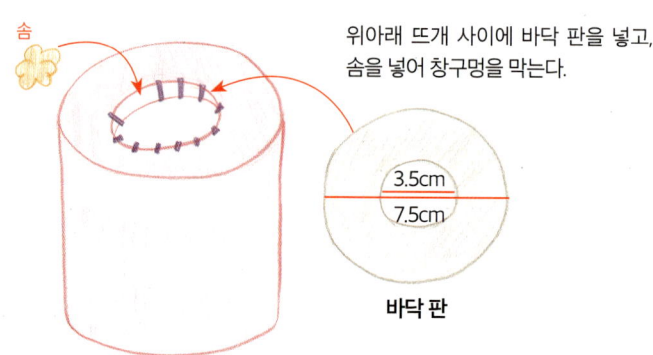

솜

위아래 뜨개 사이에 바닥 판을 넣고,
솜을 넣어 창구멍을 막는다.

3.5cm
7.5cm

**바닥 판**

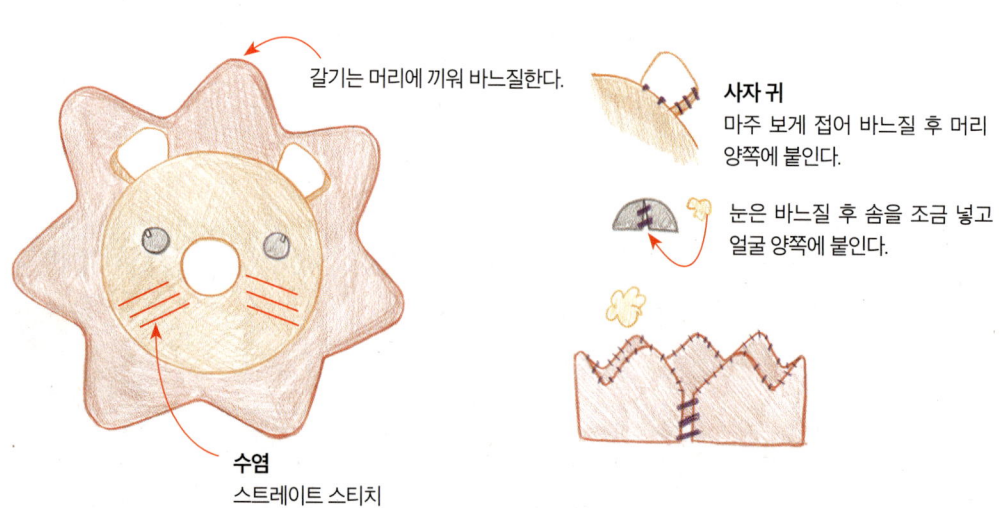

갈기는 머리에 끼워 바느질한다.

**사자 귀**
마주 보게 접어 바느질 후 머리
양쪽에 붙인다.

눈은 바느질 후 솜을 조금 넣고
얼굴 양쪽에 붙인다.

**수염**
스트레이트 스티치

**수염**
스트레이트 스티치

# 동물 휴지 롤 공통

## 몸통(공통도안)

● 로트렉 112 다크핑크
● 로트렉 113 오렌지

☐ RS: 겉; WS: 안
☒ RS: 겉 2코 모아뜨기; WS: 안 2코 모아뜨기

토끼는 로트렉 112 다크핑크 실로 사자는 로트렉 113 오렌지 실로 시작코를 잡는다.
몸통은 원통뜨기로 겉뜨기만 한다. 원형뜨기는 한 방향으로 뜨기 때문에 결과물은 메리야스뜨기가 된다.

| 시작코 | 70코 | |
|---|---|---|
| 1단 | 겉 70 | (70코) |
| 2단 | 겉 70 | (70코) |
| 3-40단 | 1-2단을 19회 반복 | |
| 41단 | [겉 3, 겉 2코 모아뜨기, 겉 2] 10회 | (60코) |
| 42단 | 겉 60 | (60코) |
| 43단 | [겉 2, 겉 2코 모아뜨기, 겉 2] 10회 | (50코) |
| 44단 | 겉 50 | (50코) |
| 45단 | [겉 2, 겉 2코 모아뜨기, 겉 1] 10회 | (40코) |
| 46단 | 겉 40 | (40코) |
| 47단 | [겉 1, 겉 2코 모아뜨기, 겉 1] 10회 | (30코) |
| 48단 | 겉 30 | (30코) |
| 마무리 | 코막기 | |

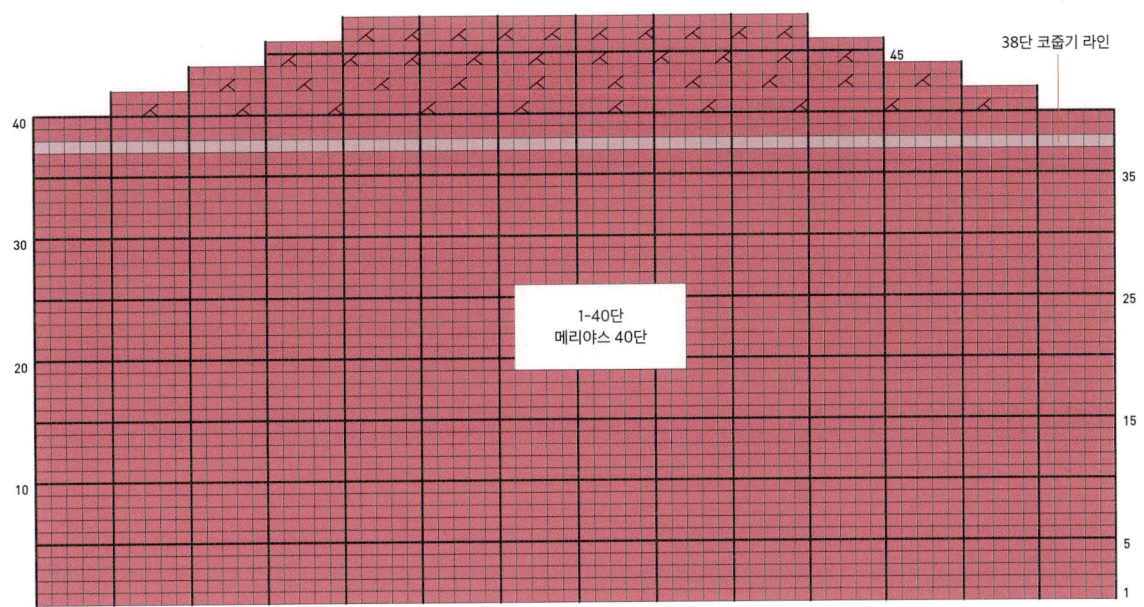

코줍기 라인을 다른 색 실로 표시한다.

## 얼굴 (공통도안)

● 로트렉 112 다크핑크
● 로트렉 113 오렌지

□ RS: 겉; WS: 안
⊠ RS: 겉 2코 모아뜨기; WS: 안 2코 모아뜨기

토끼는 로트렉 112 다크핑크 실을 사자는 로트렉 113 오렌지 실로 시작코를 잡는다.

몸통 38단 코줍기 라인에서 70코를 코줍기 한다.

| 1단 | 겉 70 | (70코) |
|---|---|---|
| 2단 | 겉 70 | (70코) |
| 3단 | 겉 70 | (70코) |
| 4단 | [겉 2, 안 2코 모아뜨기, 겉 3] 10회 | (60코) |
| 5단 | 겉 60 | (60코) |
| 6단 | 겉 60 | (60코) |
| 7단 | [겉 2, 겉 2코 모아뜨기, 겉 2] 10회 | (50코) |
| 8단 | 겉 50 | (50코) |
| 9단 | 겉 50 | (50코) |
| 10단 | [겉 1, 안 2코 모아뜨기, 겉 2] 10회 | (40코) |
| 11단 | 겉 40 | (40코) |

| 12단 | [겉 1, 안 2코 모아뜨기, 겉 1] 10회 | (30코) |
|---|---|---|
| 13단 | 겉 30 | (30코) |
| 14단 | 겉 30 | (30코) |
| 마무리 | 코막기 | |

몸통과 얼굴 사이에 바닥 판을 넣고, 창구멍을 남기고 꿰맨다. 솜을 넣고 창구멍을 막는다.

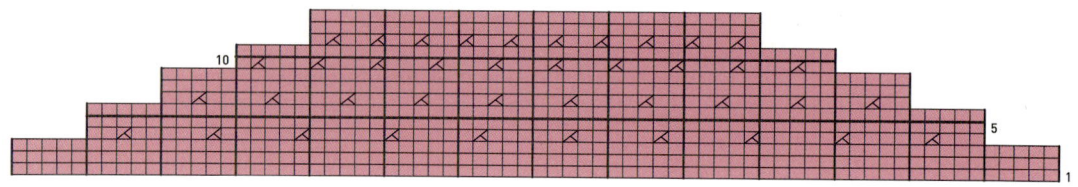

### Point 1 원통뜨기 기법

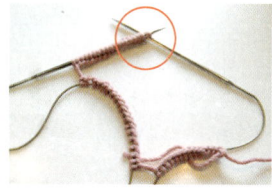

**1** 원통뜨기는 70코를 잡은 후 대략 코를 3등분으로 나눈다. 시작코에 바늘을 꽂아 뜬다.

**2** 첫 코를 뜰 때 시작코와 끝코가 가까이 닿게 줄바늘을 접어서 뜨면 좋다.

**3** 38단 부분은 다른 색실로 표시한다. 이때 휴지를 끼우고 작업을 하면 편하다.

**4** 코바늘을 사용해 코줍기를 한다.

**5** 대바늘에 1코씩 끼워가며 70코를 코줍기 한다.

**6** 원통뜨기로 얼굴을 뜬다.

## Point ② 얼굴 바닥 면 사이에 바닥 판을 넣고 꿰매기

**1** 바닥 판은 휴지 롤 윗면과 같은 사이즈로 도넛 모양으로 자른다.

**2** 바닥 판을 얼굴과 바닥면 사이에 넣는다.

**3** 첫 코와 끝코를 돗바늘로 마무리한다.

**4** 얼굴 윗면과 아랫면 2장을 반 코씩 잡아 감침질로 꿰매고 창구멍만 남긴 채 얼굴을 붙인다.

**5** 창구멍으로 솜을 넣는다.

**6** 창구멍을 막아 몸통을 완성한다.

# 토끼

## 귀(2장)

● 로트렉 112 다크핑크
○ 로트렉 110 흰색

☐ RS: 겉; WS: 안
▨ RS: 겉 1코 늘리기; WS: 안 1코 늘리기
▧ RS: 겉 2코 모아뜨기; WS: 안 2코 모아뜨기

로트렉 112 다크핑크 실로 시작코를 잡는다.

| | | |
|---|---|---|
| 시작코 | 6코 | |
| 1단 | 겉 6 | (6코) |
| 2단 | 안 6 | (6코) |
| 3-6단 | 메리야스 4단 | |
| 7단 | 겉 1코 늘리기, 겉 5 | (7코) |
| 8단 | 안 1코 늘리기, 안 6 | (8코) |
| 9단 | 겉 1코 늘리기, 겉 7 | (9코) |
| 10단 | 안 1코 늘리기, 안 8 | (10코) |
| 11단 | 겉 10 | (10코) |
| 12단 | 안 10 | (10코) |
| 13-18단 | 메리야스 6단 | |
| 19단 | 겉 2코 모아뜨기, 겉 8 | (9코) |
| 20단 | 안 2코 모아뜨기, 안 7 | (8코) |

흰색 실로 바꾼다.

| | | |
|---|---|---|
| 21단 | 겉 8 | (8코) |
| 22단 | 안 8 | (8코) |
| 23단 | 겉 1코 늘리기, 겉 7 | (9코) |
| 24단 | 안 1코 늘리기, 안 8 | (10코) |
| 25단 | 겉 10 | (10코) |
| 26단 | 안 10 | (10코) |
| 27-32단 | 메리야스 6단 | |
| 33단 | 겉 2코 모아뜨기, 겉 8 | (9코) |
| 34단 | 안 2코 모아뜨기, 안 7 | (8코) |
| 35단 | 겉 2코 모아뜨기, 겉 6 | (7코) |
| 36단 | 안 2코 모아뜨기, 안 5 | (6코) |

| | | |
|---|---|---|
| 37단 | 겉 6 | (6코) |
| 38단 | 안 6 | (6코) |
| 39-42단 | 메리야스 4단 | |
| 마무리 | 코막기 | |

옆 솔기를 꿰매서 얼굴 양쪽에 붙인다.
수염은 스티치로 모양을 만든다.

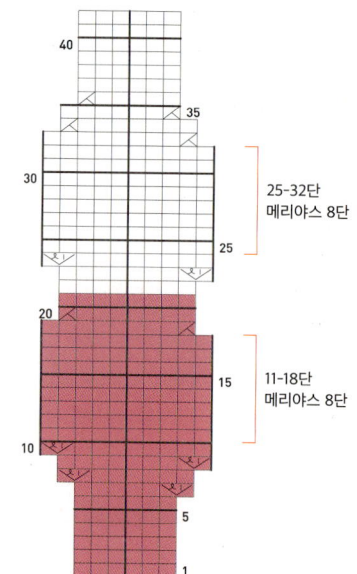

25-32단
메리야스 8단

11-18단
메리야스 8단

## 눈 공통(2개)

● 로트렉 119 검정

☐ RS: 겉; WS: 안

로트렉 119 검정 실로 시작한다.

| | | |
|---|---|---|
| 시작코 | 6코 | |
| 1단 | 겉 6 | (6코) |
| 2단 | 안 6 | (6코) |
| 마무리 | 코모으기 | |

옆 솔기만 꿰매 반원으로 만든다.

1

# 사자

○ 로트렉 110 흰색
● 로트렉 113 오렌지

☐ RS: 겉; WS: 안
▽ RS: 겉 1코 늘리기; WS: 안 1코 늘리기
▨ RS: 겉 2코 모아뜨기; WS: 안 2코 모아뜨기

## 귀(2장)

로트렉 113 오렌지 실로 시작코를 잡는다.

| | | |
|---|---|---|
| 시작코 | 10코 | |
| 1단 | 겉 10 | (10코) |
| 2단 | 안 10 | (10코) |
| 3-4단 | 메리야스 2단 | |
| 5단 | 겉 2코 모아뜨기, 겉 6, 겉 2코 모아뜨기 | (8코) |
| 6단 | 안 8 | (8코) |
| 7단 | 겉 2코 모아뜨기, 겉 4, 겉 2코 모아뜨기 | (6코) |
| 흰색 실로 바꾼다. | | |
| 8단 | 안 6 | (6코) |
| 9단 | 겉 1코 늘리기, 겉 4, 겉 1코 늘리기 | (8코) |
| 10단 | 안 8 | (8코) |
| 11단 | 겉 1코 늘리기, 겉 6, 겉 1코 늘리기 | (10코) |
| 12단 | 안 10 | (10코) |
| 13단 | 겉 10 | (10코) |
| 14단 | 안 10 | (10코) |
| 마무리 | 코막기 | |

옆 솔기를 꿰맨 후, 머리 양쪽에 귀를 붙인다.

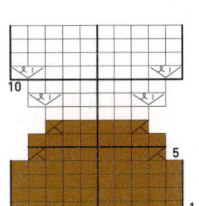

## 눈 공통(2개)

● 로트렉 119 검정          ☐ RS: 겉; WS: 안

로트렉 119 검정 실로 시작코를 잡는다.

| | | |
|---|---|---|
| 시작코 | 6코 | |
| 1단 | 겉 6 | (6코) |
| 2단 | 안 6 | (6코) |
| 마무리 | 코모으기 | |

옆 솔기만 꿰매 반원으로 만들어 양쪽에 붙인다.
수염은 스티치로 모양을 만든다.

| | RS: 겉; WS: 안 |
|---|---|
| | RS: 안; WS: 겉 |
| | RS: 겉 1코 늘리기; WS: 안 1코 늘리기 |
| | RS: 안 1코 늘리기; WS: 겉 1코 늘리기 |
| | RS: 겉 2코 모아뜨기; WS: 안 2코 모아뜨기 |
| | RS: 안 2코 모아뜨기; WS: 겉 2코 모아뜨기 |

## 사자 갈기

● 로트렉 121 나무

로트렉 121 나무 실로 시작코를 잡는다.

| 시작코 | 10코 | |
|---|---|---|
| 1-2단 | 겉 10 | (10코) |
| 3단 | 겉 1코 늘리기, 겉 8, 겉 1코 늘리기 | (12코) |
| 4단 | 겉 1코 늘리기, 겉 10, 겉 1코 늘리기 | (14코) |
| 5단 | 겉 1코 늘리기, 겉 12, 겉 1코 늘리기 | (16코) |
| 6단 | 겉 1코 늘리기, 겉 14, 겉 1코 늘리기 | (18코) |
| 7단 | 겉 1코 늘리기, 겉 16, 겉 1코 늘리기 | (20코) |
| 8-14단 | 겉 20 | (20코) |
| 15단 | 겉 2코 모아뜨기, 겉 16, 겉 2코 모아뜨기 | (18코) |
| 16단 | 겉 2코 모아뜨기, 겉 14, 겉 2코 모아뜨기 | (16코) |
| 17단 | 겉 2코 모아뜨기, 겉 12, 겉 2코 모아뜨기 | (14코) |
| 18단 | 겉 2코 모아뜨기, 겉 10, 겉 2코 모아뜨기 | (12코) |
| 19단 | 겉 2코 모아뜨기, 겉 8, 겉 2코 모아뜨기 | (10코) |
| 20단 | 겉 10 | (10코) |
| 21단 | 겉 1코 늘리기, 겉 8, 겉 1코 늘리기 | (12코) |
| 22단 | 겉 1코 늘리기, 겉 10, 겉 1코 늘리기 | (14코) |
| 23단 | 겉 1코 늘리기, 겉 12, 겉 1코 늘리기 | (16코) |
| 24단 | 겉 1코 늘리기, 겉 14, 겉 1코 늘리기 | (18코) |
| 25단 | 겉 1코 늘리기, 겉 16, 겉 1코 늘리기 | (20코) |
| 26-32단 | 겉 20 | (20코) |
| 33단 | 겉 2코 모아뜨기, 겉 16, 겉 2코 모아뜨기 | (18코) |
| 34단 | 겉 2코 모아뜨기, 겉 14, 겉 2코 모아뜨기 | (16코) |
| 35단 | 겉 2코 모아뜨기, 겉 12, 겉 2코 모아뜨기 | (14코) |
| 36단 | 겉 2코 모아뜨기, 겉 10, 겉 2코 모아뜨기 | (12코) |
| 37단 | 겉 2코 모아뜨기, 겉 8, 겉 2코 모아뜨기 | (10코) |
| 38~127단 | 20~37단을 5회 반복한다. | |
| 128단 | 겉 10 | (10코) |
| 마무리 | 코막기 | |

시작단과 끝단을 붙인 후, 가운데를 접어 창구멍을 남기고 옆 솔기를 꿰맨다.
솜을 채운 후, 창구멍을 막고 사자 얼굴에 갈기를 붙인다.

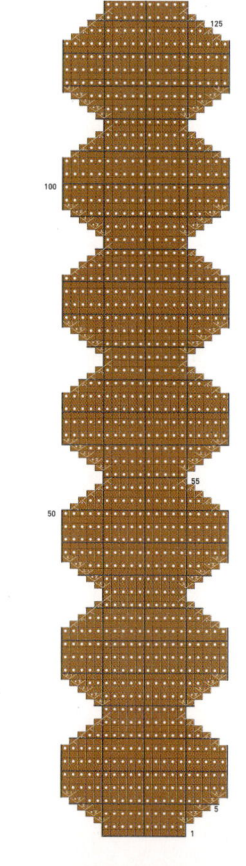

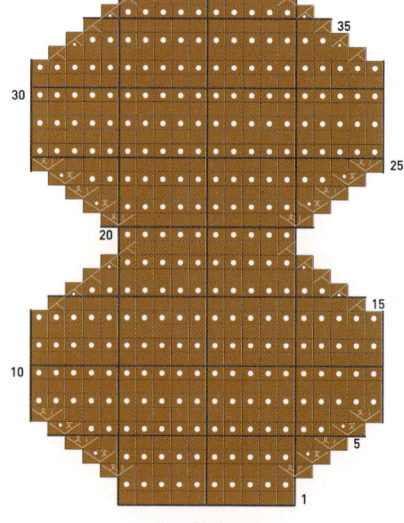

부분 확대 도안

**Point 3  사자 갈기에 솜 넣기**

겸자에 솜을 끼워 코 또는 단 사이로 채운다.

# 티슈 박스

**사이즈**    가로 27 × 세로 14 × 높이 14cm

**준비물**

**바늘** 3.0mm 줄바늘, 4mm 줄바늘

**실** 빈센트 3P, 로트렉 10P

**박스** 로트렉 10P 121 나무, 113 오렌지

**고양이** 빈센트 3P 2731 흰색, 2733 라이트그레이, 2763 베이비핑크, 2769 엔틱베이지

**기타재료** 구름솜, 겹자, 니트핀, 돗바늘, 와이어, PVC 테이프

**만들기
순서**

01 박스 전면 2장을 마주 보게 하고, 3등분 하여 중앙을 제외하고 양쪽을 꿰맨다.

02 박스 측면 2장을 뜬다. 여기에 박스 전면을 올려놓고 측면을 붙인다.

03 고양이 발을 뜨고, 'T'자로 꿰맨 후 솜을 넣는다.

04 발가락은 실을 조여 가며 모양을 만든다. 발바닥은 새틴 스티치로 놓는다.

05 귀와 꼬리를 뜬 후, 접어서 옆 솔기를 꿰맨다.

06 휴지가 나올 수 있게 가운데는 비우고 발과 꼬리와 귀를 박스에 붙인다.

박스는 로트렉 10P 한 올을 사용하여 4mm 줄바늘로 뜬다.

고양이는 빈센트 3P 두 올을 합사하여 3mm 줄바늘로 뜬다.

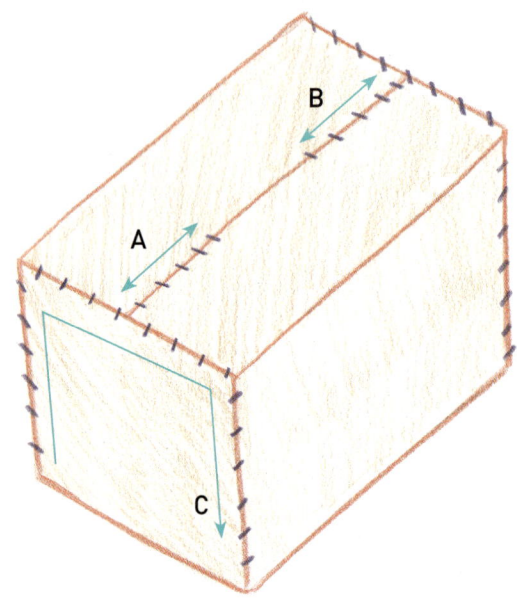

**공통 박스**

❶ 정면 코막은 부분을 서로 마주 보게 놓고 3등분한 후 A와 B 부분만 바느질한다.

❷ 측면을 붙여 세 모서리만 바느질한다.

❸ 반대쪽 측면도 마찬가지로 바느질한다.

꼬리에 와이어와 솜을 넣고 옆 솔기로 바느질한 후 박스의 B 위치에 붙인다.

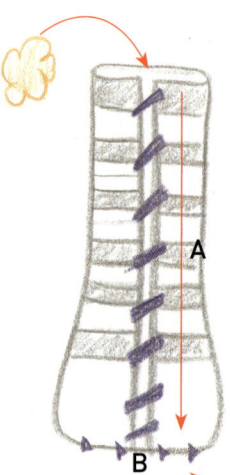

귀 2장을 바느질한 후 양쪽 귀를 A 위치에 붙인다.

발 A→B 순서로 바느질한 후 솜을 넣고 창구멍 한쪽에 붙인다.

# 티슈 박스

## 박스 전면(2장)

● 로트렉 113 오렌지 or
로트렉 121 나무

□ RS: 겉; WS: 안
⊡ RS: 안; WS: 겉

4mm 줄바늘을 사용해서 시작코를 잡는다.

| 시작코 | 55코 | | 44단 | 안 55 | (55코) |
|---|---|---|---|---|---|
| 1-5단 | 겉 55 | (55코) | 45-58단 | 메리야스 14단 | |
| 6단 | 안 55 | (55코) | 59-60단 | 겉 55 | (55코) |
| 7-40단 | 메리야스 34단 | | 마무리 | 코막기 | |
| 41-43단 | 겉 55 | (55코) | | | |

두 장의 끝단을 맞대어 양쪽 1/3까지 반 코씩 잡고 감침질한다.

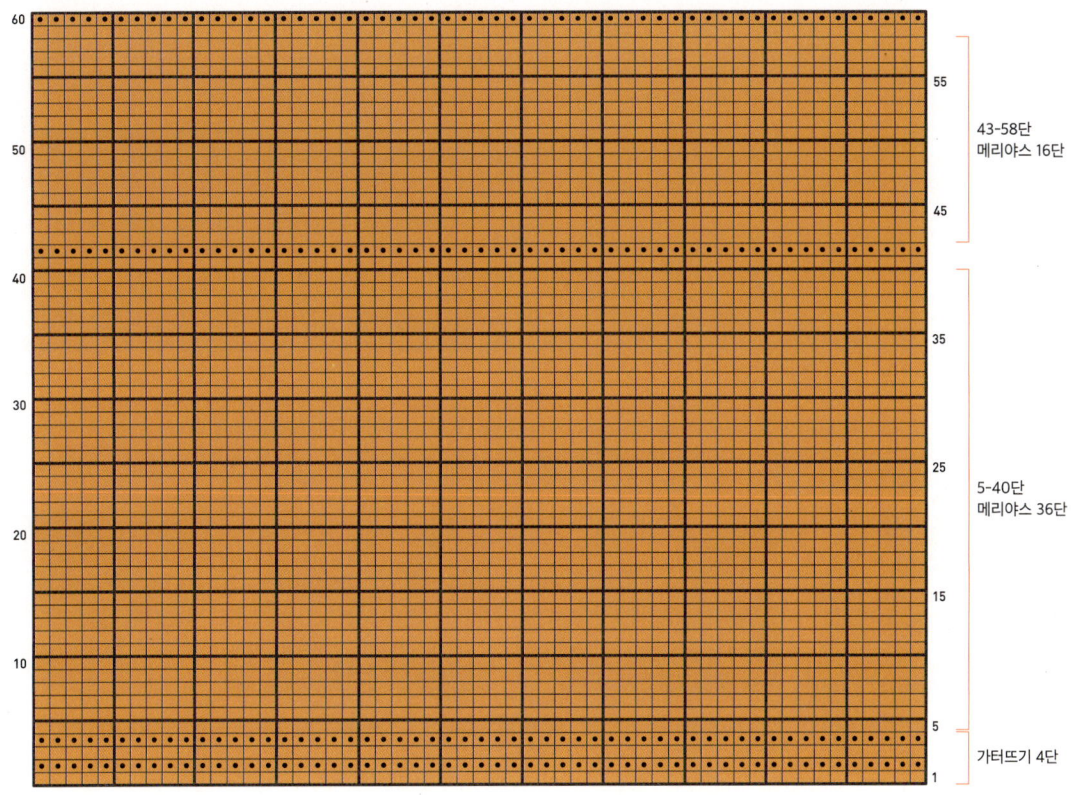

43-58단
메리야스 16단

5-40단
메리야스 36단

가터뜨기 4단

## Point 1 박스 전면 2장 꿰매기

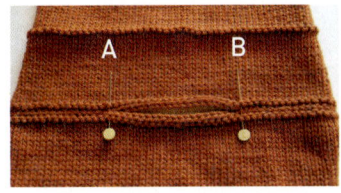

1 두 장의 박스 전면을 마지막 단이 마주 보게 놓고 3등분하여 사진 A와 B처럼 시침핀으로 고정한다.

2 A와 B 사이를 제외하고 양쪽 끝에서부터 반 코씩 잡고 감침질한다.

## 박스 측면(2장)

● 로트렉 113 오렌지 or
로트렉 121 나무

□ RS: 겉; WS: 안
● RS: 안; WS: 겉

4mm 줄바늘을 사용해서 박스 전면과 같은 색실로 시작코를 잡는다.

| | | |
|---|---|---|
| 시작코 | 28코 | |
| 1-5단 | 겉 28 | (28코) |
| 6단 | 안 28 | (28코) |
| 7-40단 | 메리야스 34단 | |
| 41-42단 | 겉 28 | (28코) |
| 마무리 | 코막기 | |

전면 박스 양쪽 면에 측면을 붙여 박스를 완성한다.

5-40단
메리야스 36단

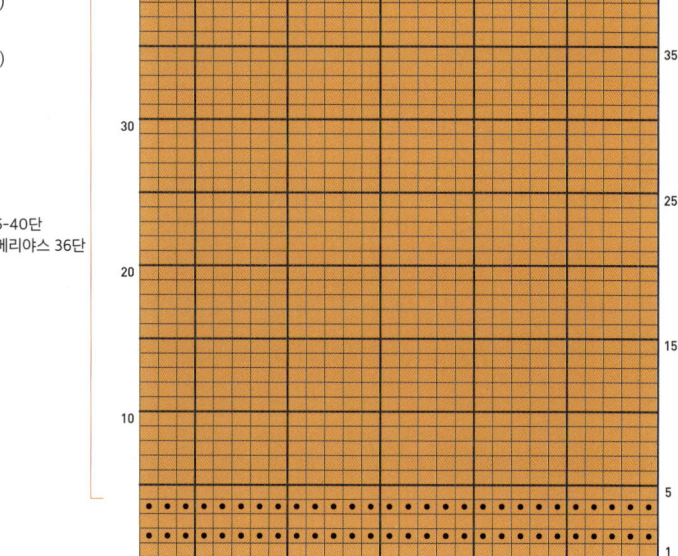

## Point 2 박스 측면 꿰매기

**1** 측면을 붙일 때는 중심을 먼저 맞대어 핀으로 고정하고 양쪽 끝을 핀으로 고정한다.

**2** 정면은 1코, 측면은 반 코만 잡고 감침질한다.

**3** 옆모서리는 옆 솔기 꿰매듯 4면을 모두 꿰맨다.

# 티슈 박스 고양이

○ 빈센트 3P 2731 흰색
● 빈센트 3P 2733 라이트그레이

☐ RS: 겉; WS: 안
▽ RS: 겉 1코 늘리기; WS: 안 1코 늘리기
☒ RS: 겉 2코 모아뜨기; WS: 안 2코 모아뜨기

## 발

2733 라이트그레이 두 올을 합사하여 시작코를 잡고, 도안을 보며 실 색을 변경한다.

| | | |
|---|---|---|
| 시작코 | 26코 | |
| 37단 | 겉 4, [겉 1코 늘리기 3, 겉 4, 겉 1코 늘리기] 2회, 겉 1코 늘리기 2, 겉 4 | (36코) |
| 38단 | 안 36 | (36코) |
| 39-44단 | 메리야스 6단 | |
| 45단 | 겉 2코 모아뜨기 18 | (18코) |
| 46단 | 안 18 | (18코) |
| 47단 | 겉 2코 모아뜨기 9 | (9코) |
| 마무리 | 옆 솔기를 꿰맨 후, 발끝을 'T'자로 꿰맨다. | |

박스에 붙이는 부분은 시작코 부분을 반 코씩 걸어서 코모으기처럼 모은다.

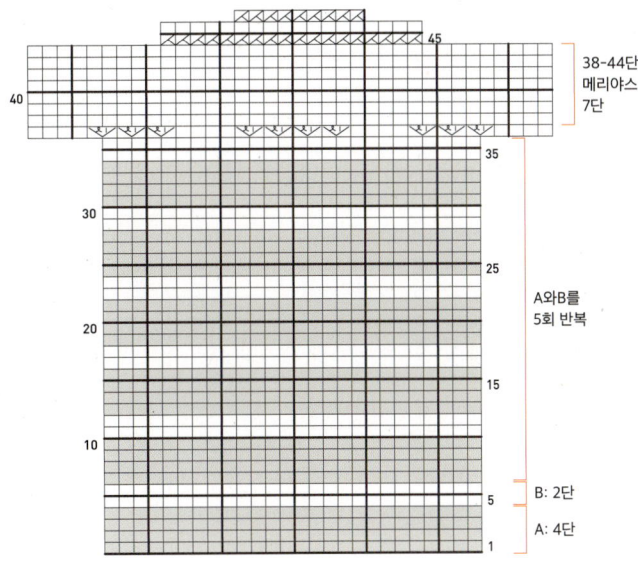

38-44단
메리야스
7단

A와B를
5회 반복

B: 2단
A: 4단

## Point 3 고양이 발가락 모양 잡기

**1** 돗바늘로 고양이 발바닥을 2회 반복 통과한 후 실을 당겨 발가락 모양을 만든다.

**2** 새틴 스티치로 발바닥 모양을 만든다.

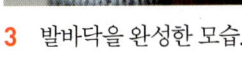

**3** 발바닥을 완성한 모습.

**4** 발을 입구에 붙인다.

## 귀(2장)

| | |
|---|---|
| ○ 빈센트 3P 2731 흰색 | |
| ● 빈센트 3P 2769 엔틱베이지 | |

☐ RS: 겉; WS: 안
▨ RS: 겉 1코 늘리기; WS: 안 1코 늘리기
▧ RS: 겉 2코 모아뜨기; WS: 안 2코 모아뜨기

3mm 줄바늘을 사용하여 빈센트 3P 2731 흰색 두 올을 합사하여 시작한다. 도안에 맞게 색을 바꾼다.

| 시작코 | 17코 | |
|---|---|---|
| 1단 | 겉 17 | (17코) |
| 2단 | 안 17 | (17코) |
| 3-4단 | 메리야스 2단 | |
| 5단 | 겉 2코 모아뜨기, 겉 13, 겉 2코 모아뜨기 | (15코) |
| 6단 | 안 15 | (15코) |
| 7단 | 겉 2코 모아뜨기, 겉 11, 겉 2코 모아뜨기 | (13코) |
| 8단 | 안 2코 모아뜨기, 안 9, 안 2코 모아뜨기 | (11코) |
| 9단 | 겉 2코 모아뜨기, 겉 7, 겉 2코 모아뜨기 | (9코) |
| 10단 | 안 2코 모아뜨기, 안 5, 안 2코 모아뜨기 | (7코) |
| 11단 | 겉 2코 모아뜨기, 겉 3, 겉 2코 모아뜨기 | (5코) |
| 12단 | 안 5 | (5코) |
| 13단 | 겉 1코 늘리기, 겉 3, 겉 1코 늘리기 | (7코) |
| 14단 | 안 1코 늘리기, 안 5, 안 1코 늘리기 | (9코) |
| 15단 | 겉 1코 늘리기, 겉 7, 겉 1코 늘리기 | (11코) |
| 16단 | 안 1코 늘리기, 안 9, 안 1코 늘리기 | (13코) |
| 17단 | 겉 1코 늘리기, 겉 11, 겉 1코 늘리기 | (15코) |
| 18단 | 안 15 | (15코) |
| 19단 | 겉 1코 늘리기, 겉 13, 겉 1코 늘리기 | (17코) |
| 20단 | 안 17 | (17코) |
| 21단 | 겉 17 | (17코) |
| 22단 | 안 17 | (17코) |
| 마무리 | 코막기로 마무리한다. | |

옆 솔기를 꿰매서 귀를 완성하고 박스에 붙인다.

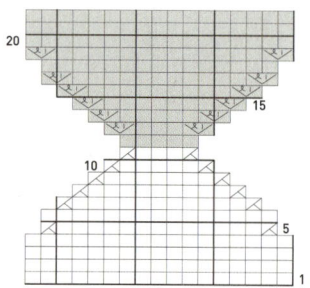

## 꼬리

○ 빈센트 3P 2731 흰색　　　□ RS: 겉; WS: 안
● 빈센트 3P 2769 엔틱베이지　　▨ RS: 겉 2코 모아뜨기; WS: 안 2코 모아뜨기

3mm 줄바늘를 사용하여 빈센트 3P 2769 엔틱베이지 두 올을 합사하여 시작한다. 도안에 맞게 색을 바꾼다.

| | | |
|---|---|---|
| **시작코** | 26코 | |
| **1단** | 겉 26 | (26코) |
| **2단** | 안 26 | (26코) |
| **3-56단** | 메리야스 54단 | |
| **57단** | 겉 2코 모아뜨기 13 | (13코) |
| **58단** | 안 13 | (13코) |
| **59단** | 겉 2코 모아뜨기 6, 겉 1 | (7코) |
| **마무리** | 실을 30cm가량 자른 후, 돗바늘로 코 사이를 통과하여 코모으기를 한다. | |

옆 솔기를 꿰매고 솜을 채운 후 박스에 붙인다.

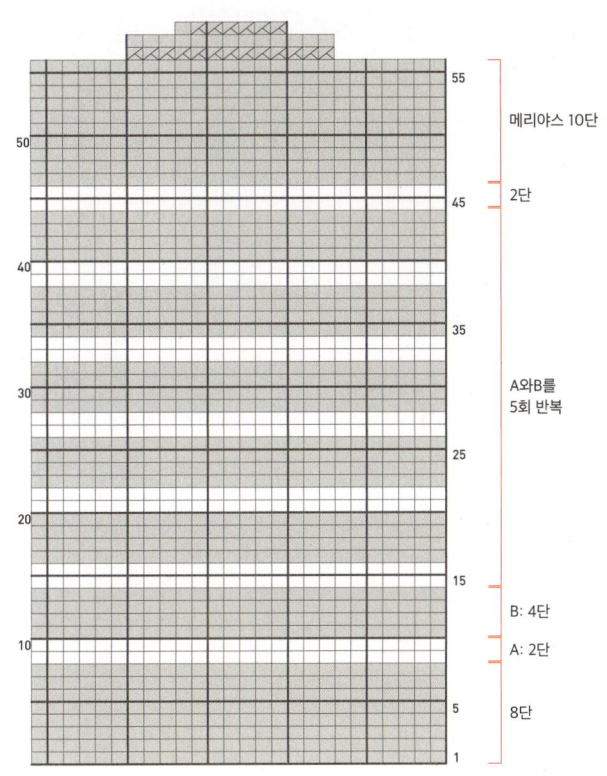

55

메리야스 10단

50

45 ── 2단

40

35

30 ── A와B를 5회 반복

25

20

15

10 ── B: 4단

A: 2단

5

1 ── 8단

Hand knitted doll

따뜻함이 묻어나는
# 유아용 동물 블랭킷

찬바람이 불기 시작하면 감기에 걸릴까 봐 엄마는 아이 담요를 챙기고, 아이는 답답해서
담요를 귀찮아합니다. 그런 담요에 작은 인형을 만들어 붙여 주면 아이는 인형을 안듯 담
요를 덮습니다. 가끔은 케이프처럼 어깨에 걸치기도 합니다. 일교차가 심한 환절기와 겨
울에 우리 아이 건강을 챙겨주세요.

# 오리, 고양이, 코끼리 동물 블랭킷

**사이즈**
**오리 블랭킷** 62×77cm / 머리 11×15cm
**고양이 블랭킷** 40×55cm / 머리 11×11cm
**코끼리 블랭킷** 40×55cm / 머리 11×11cm

**준비물**

**바늘** 3.5mm 줄바늘, 5mm 줄바늘
**실** 해피울
오리　829 옐로우, 838 탄제린, 839 머스타드
고양이　825 레드베이지, 847 브라운
코끼리　844 아쿠아블루, 840 라임, 801 흰색

**기타재료** 구름솜, 겸자, 니트핀, 돗바늘, 와이어, PVC 테이프

**만들기 순서**

### 오리
01 머리 옆 솔기를 꿰매서 솜을 넣는다.
02 부리 상하를 겹쳐서 솜을 넣고 머리에 붙인다.
03 머리카락 두 개를 겹쳐 머리 위에 붙인다.
04 눈을 반원으로 만들어 솜을 살짝 넣고 얼굴에 붙인다.
05 흰색 실로 눈 옆에 스티치를 한다.
06 블랭킷에 머리를 붙여 완성한다.

### 고양이
01 머리 옆 솔기를 꿰매서 솜을 넣는다.
02 귀를 반으로 접어 꿰매 후 머리에 붙인다.
03 눈, 코를 스티치한다.
04 블랭킷에 머리를 붙여 완성한다.

### 코끼리
01 머리 옆 솔기를 꿰매서 솜을 넣는다.
02 귀는 반으로 접어서 꿰맨 후 머리에 붙인다.
03 눈을 스티치로 만든다.
04 블랭킷에 머리를 붙여 완성한다.

블랭킷은 5mm 줄바늘로 작업하고, 인형 머리는 3.5mm 줄바늘을 사용한다.

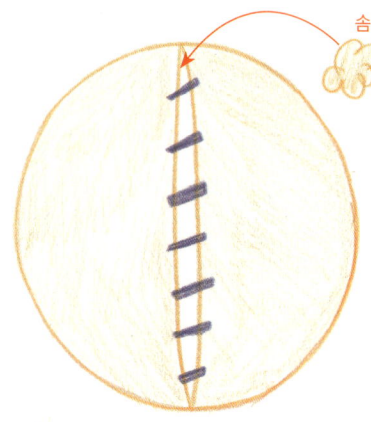

솜

**오리, 고양이 공통**
머리에 솜을 넣고 옆 솔기를 꿰맨다.

**오리 눈**
솜을 조금 넣고 옆 솔기를 꿰맨다.

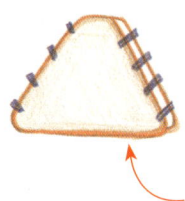

**고양이 귀**
옆 솔기를 꿰맨다.

귀는 양쪽을 대칭으로 꿰맨다.

**부리**
위아래 마주 보게 붙여서 바느질한다.

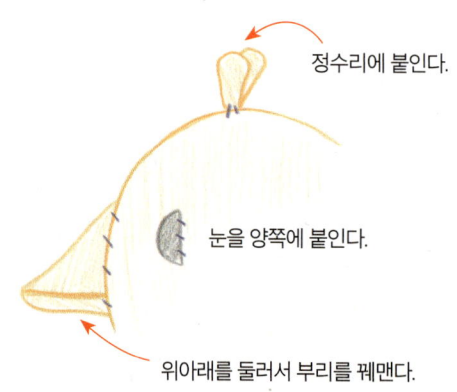

정수리에 붙인다.

눈을 양쪽에 붙인다.

위아래를 둘러서 부리를 꿰맨다.

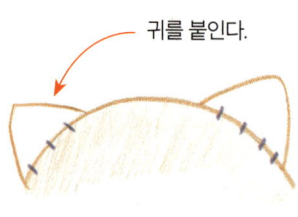

귀를 붙인다.

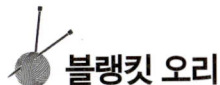 블랭킷 오리

## 머리

● 해피울 829 옐로우

뒤통수에서 뜨개를 시작해 입에서 끝난다. 해피울 829 옐로우 실로 시작코를 잡는다.

| | | |
|---|---|---|
| 시작코 | 8코 | |
| 1단 | 겉 8 | (8코) |
| 2단 | 안 8 | (8코) |
| 3단 | 겉 1코 늘리기 8 | (16코) |
| 4단 | 안 16 | (16코) |
| 5단 | [겉 1, 겉 1코 늘리기] 8회 | (24코) |
| 6단 | 안 24 | (24코) |
| 7단 | [겉 1, 겉 1코 늘리기, 겉 1] 8회 | (32코) |
| 8단 | 안 32 | (32코) |
| 9단 | 겉 32 | (32코) |
| 10단 | 안 32 | (32코) |
| 11단 | [겉 2, 겉 1코 늘리기, 겉 1] 8회 | (40코) |
| 12단 | 안 40 | (40코) |
| 13단 | 겉 40 | (40코) |
| 14단 | 안 40 | (40코) |
| 15단 | [겉 2, 겉 1코 늘리기, 겉 2] 8회 | (48코) |
| 16단 | 안 48 | (48코) |
| 17-20단 | 메리야스 4단 | (48코) |
| 21단 | [겉 3, 겉 1코 늘리기, 겉 2] 8회 | (56코) |
| 22단 | 안 56 | (56코) |
| 23-32단 | 메리야스 10단 | |
| 33단 | [겉 3, 겉 2코 모아뜨기, 겉 2] 8회 | (48코) |

| | | |
|---|---|---|
| 34단 | 안 48 | (48코) |
| 35단 | 겉 48 | (48코) |
| 36단 | 안 48 | (48코) |
| 37단 | [겉 2, 겉 2코 모아뜨기, 겉 2] 8회 | (40코) |
| 38단 | 안 40 | (40코) |
| 39단 | 겉 40 | (40코) |
| 40단 | 안 40 | (40코) |
| 41단 | [겉 2, 겉 2코 모아뜨기, 겉 1] 8회 | (32코) |
| 42단 | 안 32 | (32코) |
| 43단 | 겉 32 | (32코) |
| 44단 | 안 32 | (32코) |
| 45단 | [겉 1, 겉 2코 모아뜨기, 겉 1] 8회 | (24코) |
| 46단 | 안 24 | (24코) |
| 47단 | [겉 1, 겉 2코 모아뜨기] 8회 | (16코) |
| 48단 | 안 16 | (16코) |
| 49단 | 겉 2코 모아뜨기 8 | (8코) |
| 마무리 | 실을 30cm가량 자른 후, 돗바늘로 코 사이를 통과하여 코모으기를 한다. | |

옆 솔기를 꿰매서 솜을 넣는다.

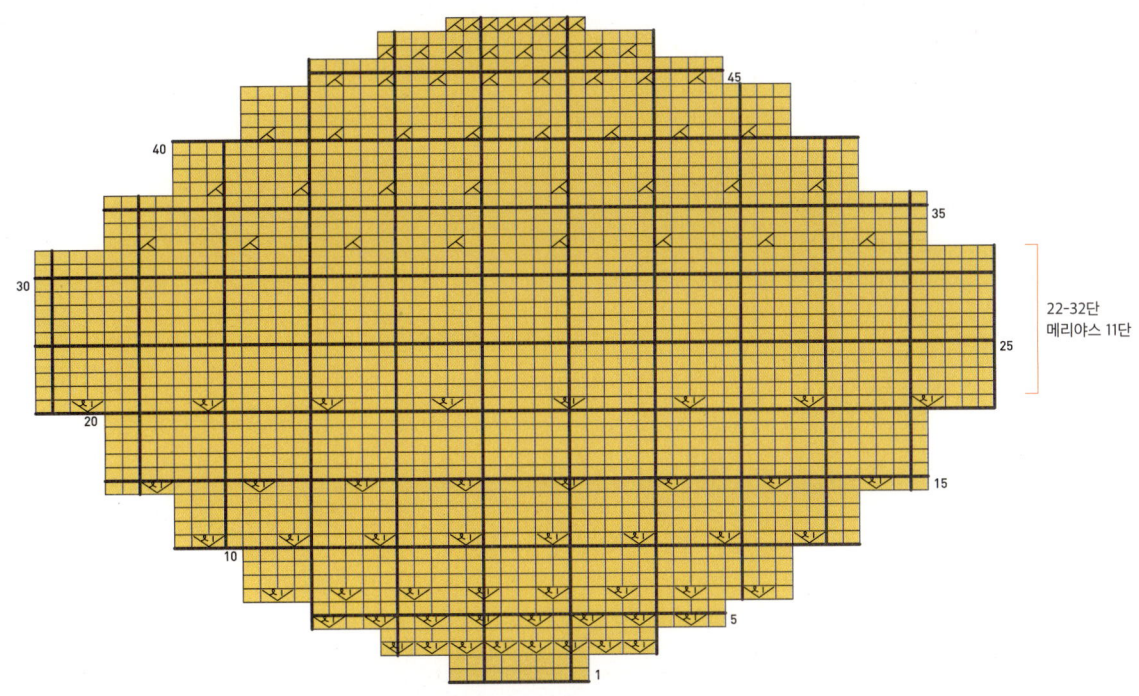

22-32단
메리야스 11단

## 부리(상)

● 해피울 839 머스타드

해피울 839 머스타드 실로 시작코를 잡는다.

| | | |
|---|---|---|
| 시작코 | 24코 | |
| 1단 | 겉 24 | (24코) |
| 2단 | 안 24 | (24코) |
| 3단 | 겉 10, 겉 오른코 겹치기, 겉 2코 모아뜨기, 겉 10 | (22코) |
| 4단 | 안 22 | (22코) |
| 5단 | 겉 9, 겉 오른코 겹치기, 겉 2코 모아뜨기, 겉 9 | (20코) |
| 6단 | 안 20 | (20코) |
| 7단 | 겉 8, 겉 오른코 겹치기, 겉 2코 모아뜨기, 겉 8 | (18코) |
| 8단 | 안 18 | (18코) |
| 9단 | 겉 7, 겉 오른코 겹치기, 겉 2코 모아뜨기, 겉 7 | (16코) |
| 10단 | 안 16 | (16코) |
| 11단 | 겉 6, 겉 오른코 겹치기, 겉 2코 모아뜨기, 겉 6회 | (14코) |
| 12단 | 안 14 | (14코) |
| 13단 | 겉 2코 모아뜨기, 겉 12 | (13코) |
| 14단 | 안 2코 모아뜨기, 안 11 | (12코) |
| 15단 | 겉 12 | (12코) |
| 16단 | 안 12 | (12코) |
| 17단 | 겉 2코 모아뜨기, 겉 10 | (11코) |
| 18단 | 안 2코 모아뜨기, 안 9 | (10코) |
| 19단 | 겉 10 | (10코) |
| 20단 | 안 10 | (10코) |
| 21-22단 | 메리야스 2단 | |
| 23단 | 겉 2코 모아뜨기, 겉 8 | (9코) |
| 24단 | 안 2코 모아뜨기, 안 7 | (8코) |
| 마무리 | 코막기 | |

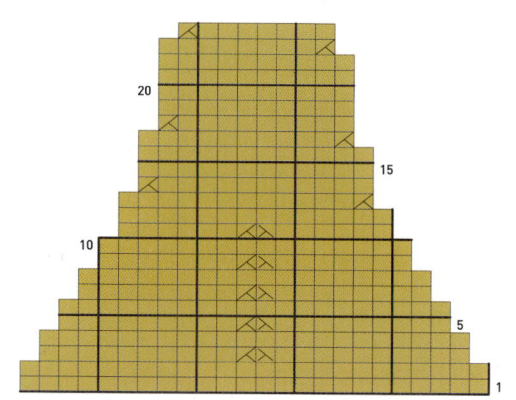

## 오리 눈(2장)

● 해피울 824 검정

해피울 824 검정 실로 시작코를 잡는다.

| | | |
|---|---|---|
| 1단 | 겉 10 | (10코) |
| 2단 | 안 10 | (10코) |
| 3단 | 겉 2코 모아뜨기 5 | (5코) |
| 마무리 | 코모으기 | |

옆 솔기를 꿰매고, 솜을 채워 코 양쪽에 눈을 붙인다.

## 부리(하)

● 해피울 839 머스타드

☐ RS: 겉; WS: 안
⊠ RS: 겉 2코 모아뜨기; WS: 안 2코 모아뜨기

해피울 839 머스타드 실로 시작코를 잡는다.

| 시작코 | 16코 | |
|---|---|---|
| 1단 | 겉 16 | (16코) |
| 2단 | 안 16 | (16코) |
| 3-10단 | 메리야스 8단 | |
| 11단 | 겉 2코 모아뜨기, 겉 14 | (15코) |
| 12단 | 안 2코 모아뜨기, 안 13 | (14코) |
| 13단 | 겉 2코 모아뜨기, 겉 12 | (13코) |
| 14단 | 안 2코 모아뜨기, 안 11 | (12코) |
| 15단 | 겉 12 | (12코) |
| 16단 | 안 12 | (12코) |
| 17단 | 겉 2코 모아뜨기, 겉 10 | (11코) |
| 18단 | 안 2코 모아뜨기, 안 9 | (10코) |
| 19단 | 겉 10 | (10코) |
| 20단 | 안 10 | (10코) |
| 21-22단 | 메리야스 2단 | |
| 23단 | 겉 2코 모아뜨기, 겉 8 | (9코) |
| 24단 | 안 2코 모아뜨기, 안 7 | (8코) |
| 마무리 | 코막기 | |

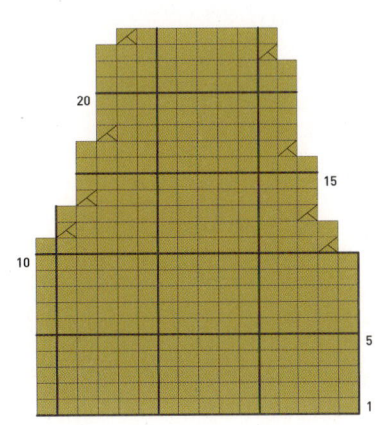

부리 상하를 붙여 옆 솔기와 코 막음 부분을 맞춰 꿰맨 후, 솜을 넣고 머리에 붙인다.

## 머리카락 A

● 해피울 829 옐로우

☐ RS: 겉; WS: 안
⊠ RS: 오른코 중심 3코 모아뜨기

해피울 829 옐로우 실로 시작코를 잡는다.

| 시작코 | 3코 | |
|---|---|---|
| 1단 | 겉 3 | (3코) |
| 2단 | 안 3 | (3코) |
| 3-5단 | 메리야스 3단 | |
| 6단 | 오른코 중심 3코 모아뜨기 | (1코) |
| 마무리 | 실을 잘라 남은 코에 넣어 매듭을 짓는다. | |

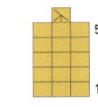

## 머리카락 B

● 해피울 829 옐로우

☐ RS: 겉; WS: 안
⊠ RS: 오른코 중심 3코 모아뜨기

해피울 829 옐로우 실로 시작코를 잡는다.

| 시작코 | 3코 | |
|---|---|---|
| 1단 | 겉 3 | (3코) |
| 2단 | 안 3 | (3코) |
| 3-4단 | 메리야스 3단 | |
| 5단 | 오른코 중심 3코 모아뜨기 | (1코) |
| 마무리 | 실을 잘라 남은 코에 넣어 매듭을 짓는다. | |

## 블랭킷(오른쪽)

● 해피울 838 탄제린
● 해피울 829 옐로우

□ RS: 겉; WS: 안
⊡ RS: 안; WS: 겉

해피울 838 탄제린 실로 시작코를 잡고, 도안에 따라 실 색을 바꾼다.

| | | |
|---|---|---|
| **시작코** | 20코 | |
| **1-7단** | 겉 120 | (120코) |
| **8단** | 겉 6, 안 108, 겉 6 | (120코) |
| **9단** | 겉 120 | (120코) |
| **10-109단** | 8-9단 두 단을 50회 반복 | |
| **110단** | 겉 6, 안 108, 겉 6 | (120코) |

바늘을 하나 더 사용하여 111단부터는 60코씩 반반 나누어 뜬다. 오른쪽에서부터 60코만 겉뜨기한 다음 뒤집는다. 111단부터는 60코씩 나누어 뜬다.

| | | |
|---|---|---|
| **111단** | 겉 60 | (60코) |
| **112단** | 겉 6, 안 48, 겉 6 | (60코) |
| **113-214단** | 111-112단 두 단을 51회 반복 | |
| **215-220단** | 겉 60 | (60코) |
| **마무리** | 오른쪽 60코만 코막기로 마무리한다. | |

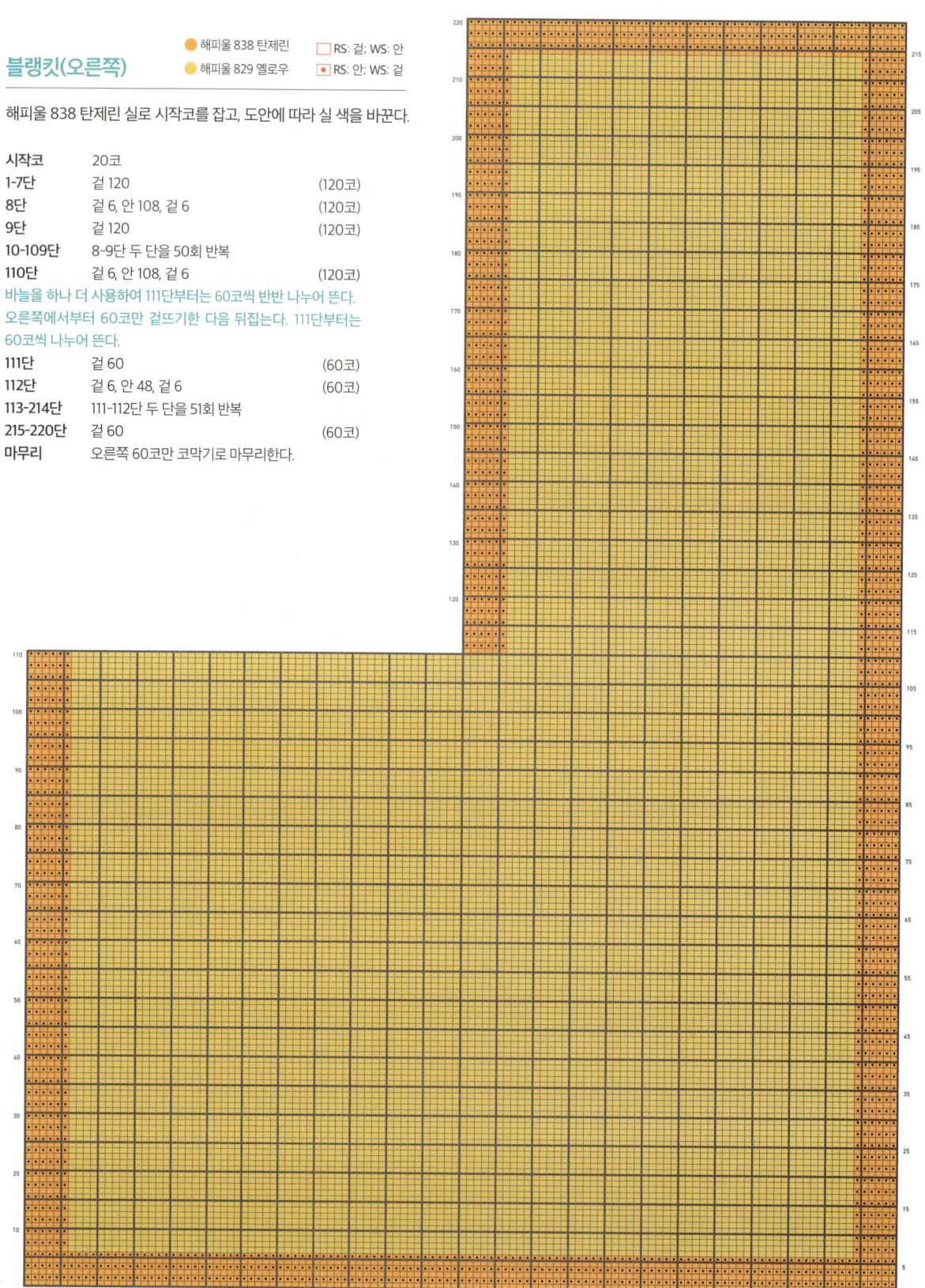

## 블랭킷(왼쪽)

해피울 838 탄제린
해피울 829 옐로우

RS: 겉; WS: 안
RS: 안; WS: 겉

갈라진 곳에 실을 새로 걸어서 겉뜨기부터 뜬다. 111단부터 시작한다. 도안을 보며 실 색을 바꾼다.

| | | |
|---|---|---|
| **111단** | 겉 60 | (60코) |
| **112단** | 겉 6, 안 48, 겉 6 | (60코) |
| **113-214단** | 111-112단 두 단을 51회 반복 | |
| **215-220단** | 겉 60 | (60코) |
| **마무리** | 코막기 | |

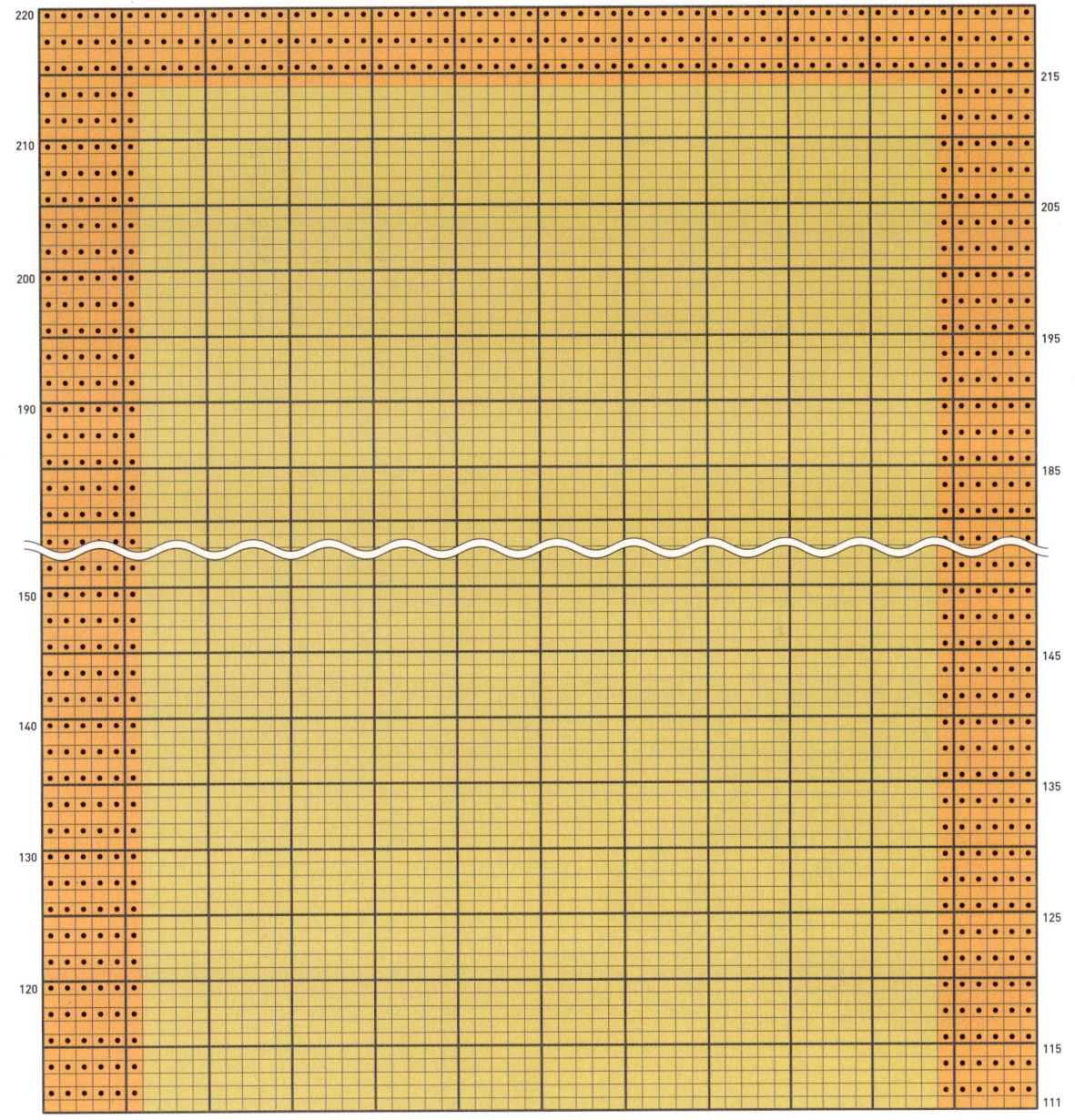

Point **1** 블랭킷 반으로 갈라서 뜨기

**1** 110단까지 떠 놓은 상태
에서 코를 60코씩 나눈다.

**2** 60코씩 줄바늘에 나눠
놓는다. 111단에 해당하는
60코를 뜬다.

**3** 오른쪽 줄바늘의 60코를
먼저 뜨기 시작한다.

Point **2** 왼쪽 블랭킷 뜨기 준비

**1** 왼편 블랭킷 시작할 때
실을 새로 묶는다.

**2** 실 색이 바뀌는 부분에 실을 새로 묶는다.

# 블랭킷 고양이

● 해피울 825 레드베이지
● 해피울 847 브라운

| | RS: 겉; WS: 안 |
| --- | --- |
| | RS: 겉 1코 늘리기; WS: 안 1코 늘리기 |
| | RS: 겉 2코 모아뜨기; WS: 안 2코 모아뜨기 |

## 머리

해피울 825 레드베이지 실로 시작코를 잡는다.

| 시작코 | 8코 | |
| --- | --- | --- |
| 1단 | 겉 8 | (8코) |
| 2단 | 안 8 | (8코) |
| 3단 | 겉 1코 늘리기 8 | (16코) |
| 4단 | 안 16 | (16코) |
| 5단 | [겉 1, 겉 1코 늘리기] 8회 | (24코) |
| 6단 | 안 24 | (24코) |
| 7단 | [겉 1, 겉 1코 늘리기, 겉 1] 8회 | (32코) |
| 8단 | 안 32 | (32코) |
| 9단 | [겉 2, 겉 1코 늘리기, 겉 1] 8회 | (40코) |
| 10단 | 안 40 | (40코) |
| 11단 | 겉 40 | (40코) |
| 12단 | 안 40 | (40코) |
| 13단 | [겉 2, 겉 1코 늘리기, 겉 2] 8회 | (48코) |
| 14단 | 안 48 | (48코) |
| 15-18단 | 메리야스 4단 | |
| 19단 | [겉3, 겉 1코 늘리기, 겉 2] 8회 | (56코) |
| 20단 | 안 56 | (56코) |
| 21-30단 | 메리야스 10단 | |
| 31단 | {[겉3, 겉 2코 모아뜨기] 5회, 겉3} 2회 | (46코) |

| 32단 | 안 46 | (46코) |
| --- | --- | --- |
| 33단 | 겉 46 | (46코) |
| 34단 | 안 46 | (46코) |
| 35단 | 겉 17, 겉 2코 모아뜨기 6, 겉 17 | (40코) |

브라운 실로 바꾼다.

| 36단 | 안 40 | (40코) |
| --- | --- | --- |
| 37단 | 겉 40 | (40코) |
| 38단 | 안 40 | (40코) |
| 39단 | [겉 2, 겉 2코 모아뜨기, 겉 1] 8회 | (32코) |
| 40단 | 안 32 | (32코) |
| 41단 | [겉 1, 겉 2코 모아뜨기, 겉 1] 8회 | (24코) |
| 42단 | 안 24 | (24코) |
| 43단 | [겉 1, 겉 2코 모아뜨기] 8회 | (16코) |
| 44단 | 안 16 | (16코) |
| 45단 | 겉 2코 모아뜨기 8 | (8코) |
| 마무리 | 30cm가량 실을 자른 후, 코 사이를 통과시켜 코 모으기를 한다. | |

옆 솔기를 꿰매고 솜을 넣는다.

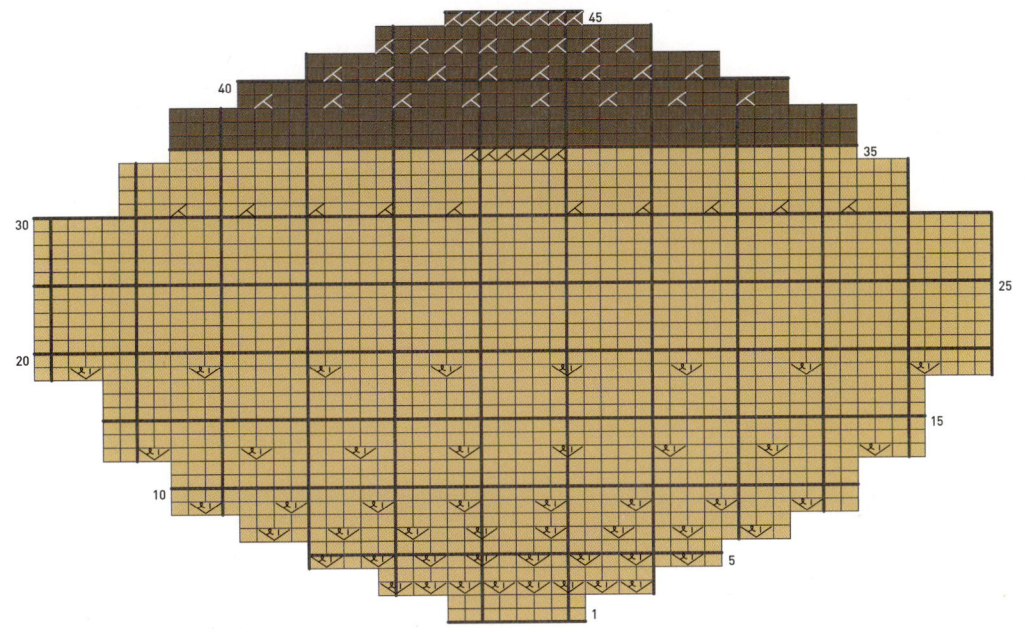

● 해피울 825 레드베이지
● 해피울 847 브라운

| RS: 겉; WS: 안 |
| RS: 겉 1코 늘리기; WS: 안 1코 늘리기 |
| RS: 겉 2코 모아뜨기; WS: 안 2코 모아뜨기 |

## 귀(2장)

해피울 825 레드베이지 실로 시작코를 잡는다.

| 시작코 | 12코 | |
|---|---|---|
| 1단 | 겉 12 | (12코) |
| 2단 | 안 12 | (12코) |
| 3단 | 겉 2코 모아뜨기, 겉 8, 겉 2코 모아뜨기 | (10코) |
| 4단 | 안 2코 모아뜨기, 안 6, 안 2코 모아뜨기 | (8코) |
| 5단 | 겉 2코 모아뜨기, 겉 4, 겉 2코 모아뜨기 | (6코) |
| 6단 | 안 2코 모아뜨기, 안 2, 안 2코 모아뜨기 | (4코) |
| 7단 | 겉 4 | (4코) |

브라운 실로 바꾼다.

| 8단 | 안 4 | (4코) |
| 9단 | 겉 1코 늘리기, 겉 2, 겉 1코 늘리기 | (6코) |
| 10단 | 안 1코 늘리기, 안 4, 안 1코 늘리기 | (8코) |
| 11단 | 겉 1코 늘리기, 겉 6, 겉 1코 늘리기 | (10코) |
| 12단 | 안 1코 늘리기, 안 8, 안 1코 늘리기 | (12코) |
| 13단 | 겉 12 | (12코) |
| 14단 | 안 12 | (12코) |
| 마무리 | 코막기 | |

양쪽 옆 솔기를 꿰맨 후, 머리 양쪽에 붙인다.

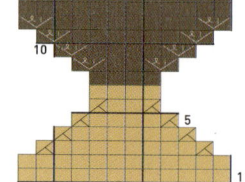

Point 3 머리에 귀 붙이기

**1** 귀를 꿰매야 할 자리를 니트핀으로 고정한다.

**2** 귀를 2코씩 홈질하며 머리에 붙인다.

**3** 홈질한 실을 당기면 귀가 오므라든다.

## 블랭킷(오른쪽)

● 해피울 825 레드베이지
● 해피울 847 브라운

□ RS: 겉; WS: 안
⊡ RS: 안; WS: 겉

오리 블랭킷과 같은 기법으로 뜬다. 해피울 847 브라운 실로 시작한다. 도안을 보며 실 색을 바꾼다.

| | | |
|---|---|---|
| 시작코 | 80코 | |
| 1-7단 | 겉 80 | (80코) |
| 8단 | 겉 6, 안 68, 겉 6 | (80코) |
| 9단 | 겉 80 | (80코) |
| 10-81단 | 8-9단을 36회 반복 | |
| 82단 | 겉 6, 안 68, 겉 6 | (80코) |
| 바늘을 하나 더 사용해서 83단부터는 40코씩 반으로 나누어 뜬다. | | |
| 83단 | 겉 40 | (40코) |
| 84단 | 겉 6, 안 28, 겉 6 | (40코) |
| 85-162단 | 83-84단 두 단을 39회 반복 | |
| 163-168단 | 겉40 | (40코) |
| 마무리 | 코막기 | |

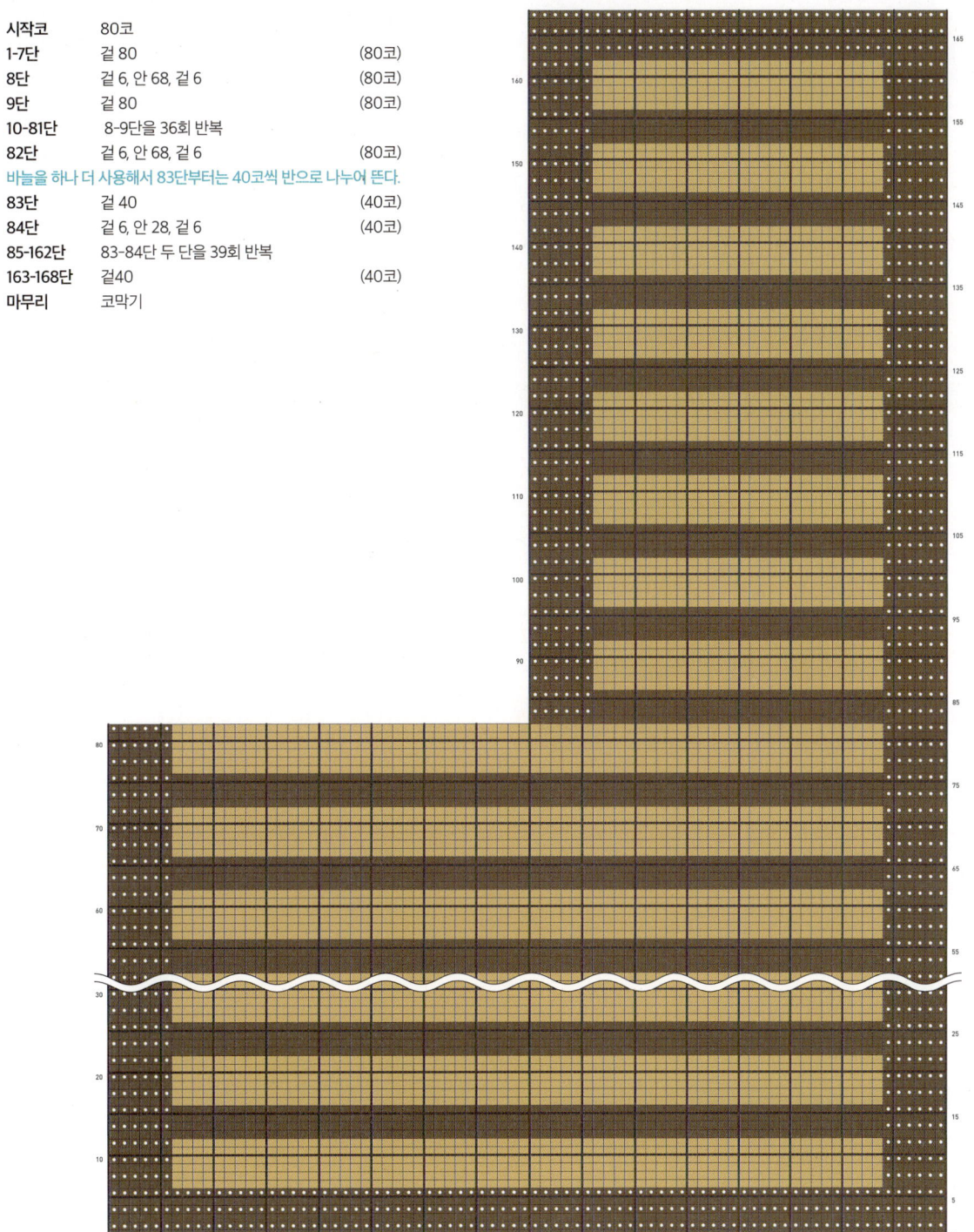

## 블랭킷(왼쪽)

해피울 847 브라운 실로 시작한다. 도안을 따라서 실 색을 바꿔가며 뜬다.

| | | |
|---|---|---|
| **83단** | 겉 40 | (40코) |
| **84단** | 겉 6, 안 28, 겉 6 | (40코) |
| **85-162단** | 83-84단 두 단을 39회 반복 | |
| **163-168단** | 겉 40 | (40코) |
| **마무리** | 코막기 | |

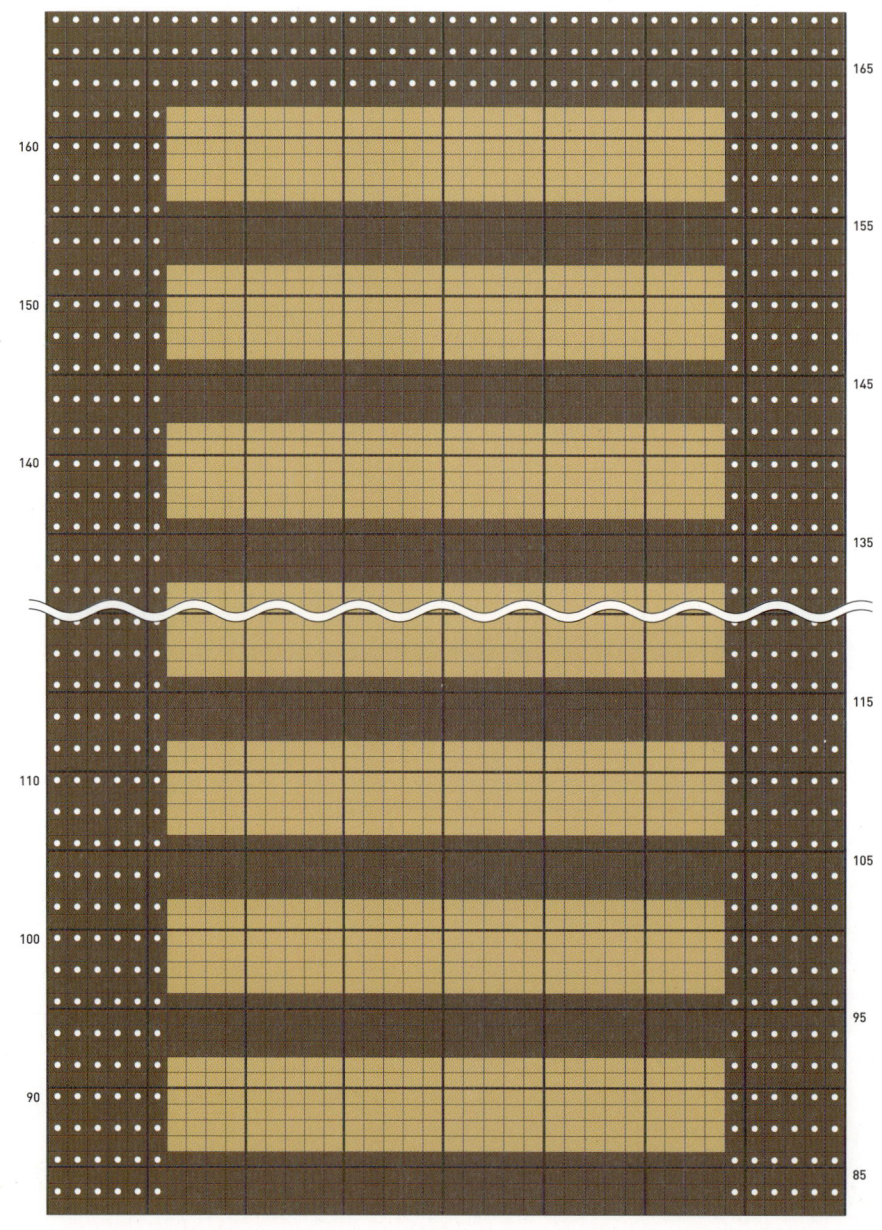

# 블랭킷 코끼리

## 머리

● 해피울 844 아쿠아블루

해피울 844 아쿠아블루 실로 시작코를 잡는다.

| 시작코 | 8코 | |
|---|---|---|
| 1단 | 겉 8 | (8코) |
| 2단 | 안 8 | (8코) |
| 3단 | 겉 1코 늘리기 8 | (16코) |
| 4단 | 안 16 | (16코) |
| 5단 | [겉 1, 겉 1코 늘리기] 8회 | (24코) |
| 6단 | 안 24 | (24코) |
| 7단 | [겉 1, 겉 1코 늘리기, 겉 1] 8회 | (32코) |
| 8단 | 안 32 | (32코) |
| 9단 | [겉 2, 겉 1코 늘리기, 겉 1] 8회 | (40코) |
| 10단 | 안 40 | (40코) |
| 11단 | 겉 40 | (40코) |
| 12단 | 안 40 | (40코) |
| 13단 | [겉 2, 겉 1코 늘리기, 겉 2] 8회 | (48코) |
| 14단 | 안 48 | (48코) |
| 15단 | 겉 48 | (48코) |
| 16단 | 안 48 | (48코) |
| 17단 | [겉 3, 겉 1코 늘리기, 겉 2] 8회 | (56코) |
| 18단 | 안 56 | (56코) |
| 19-24단 | 메리야스 6 단 | (56코) |
| 25단 | {[겉 3, 겉 2코 모아뜨기] 5회, 겉 3} 2회 반복 | (46코) |
| 26단 | 안 46 | (46코) |
| 27단 | 겉 46 | (46코) |
| 28단 | 안 46 | (46코) |
| 29단 | 겉 17, 겉 2코 모아뜨기 6, 겉 17 | (40코) |
| 30단 | 안 40 | (40코) |
| 31단 | [겉 2, 겉 2코 모아뜨기, 겉 1] 8회 | (32코) |
| 32단 | 안 32 | (32코) |
| 33단 | [겉 1, 겉 2코 모아뜨기, 겉 1] 8회 | (24코) |
| 34단 | 안 24 | (24코) |
| 35단 | [겉 1, 겉 2코 모아뜨기] 8회 | (16코) |
| 36단 | 안 16 | (16코) |
| 37단 | 겉 16 | (16코) |
| 38단 | 안 16 | (16코) |
| 39단 | 겉 2코 모아뜨기 8 | (8코) |
| 40단 | 안 8 | (8코) |
| 41-54단 | 메리야스 14단 | |
| 마무리 | 실을 30cm가량 자른 후, 돗바늘로 코 사이를 통과하여 코모으기를 한다. | |

코끼리 코 부분만 먼저 꿰맨 후, 와이어를 넣는다.
머리 뒤통수 첫 단까지 옆 솔기를 꿰맨 후, 구멍에 겹자로 솜을 넣고, 돗바늘로 시작단 코 사이에 바늘을 통과시켜 구멍을 모아 조인다.

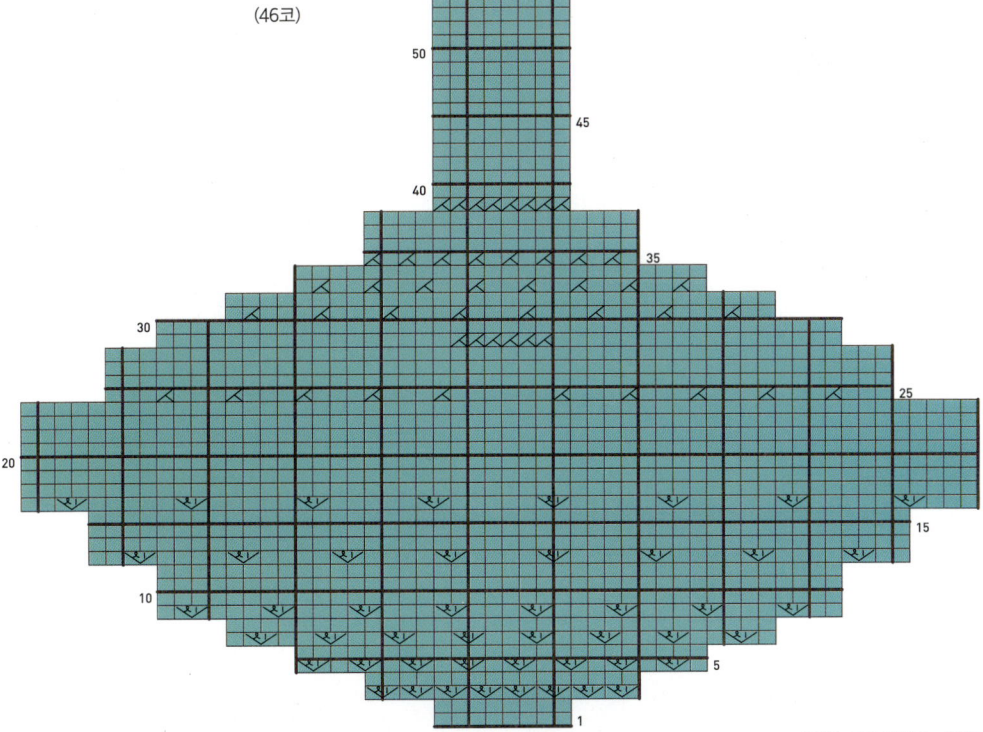

## 귀(왼쪽)

해피울 801 흰색 실로 시작코를 잡는다.

| | | |
|---|---|---|
| 시작코 | 6코 | |
| 1단 | 겉 6 | (6코) |
| 2단 | 안 6 | (6코) |
| 3단 | 겉 1코 늘리기, 겉 4, 겉 1코 늘리기 | (8코) |
| 4단 | 안 8 | (8코) |
| 5단 | 겉 1코 늘리기, 겉 6, 겉 1코 늘리기 | (10코) |
| 6단 | 안 10 | (10코) |
| 7단 | 겉 1코 늘리기, 겉 9 | (11코) |
| 8단 | 안 11 | (11코) |
| 9단 | 겉 1코 늘리기, 겉 10 | (12코) |
| 10단 | 안 12 | (12코) |
| 11단 | 겉 1코 늘리기, 겉 10, 겉 1코 늘리기 | (14코) |
| 12단 | 안 14 | (14코) |
| 13단 | 겉 13회, 겉 1코 늘리기 | (15코) |
| 14단 | 안 15 | (15코) |
| 15-18단 | 메리야스 4단 | |
| 19단 | 겉 2코 모아뜨기, 겉 11, 겉 2코 모아뜨기 | (13코) |
| 20단 | 안 2코 모아뜨기, 안 9, 안 2코 모아뜨기 | (11코) |
| 21단 | 겉 2코 모아뜨기, 겉 7, 겉 2코 모아뜨기 | (9코) |
| 22단 | 안 2코 모아뜨기, 안 5, 안 2코 모아뜨기 | (7코) |
| 23단 | 겉 2코 모아뜨기, 겉 3, 겉 2코 모아뜨기 | (5코) |

**아쿠아블루 실로 바꾼다.**

| | | |
|---|---|---|
| 24단 | 안 5 | (5코) |
| 25단 | 겉 1코 늘리기, 겉 3, 겉 1코 늘리기 | (7코) |
| 26단 | 안 1코 늘리기, 안 5, 안 1코 늘리기 | (9코) |
| 27단 | 겉 1코 늘리기, 겉 7, 겉 1코 늘리기 | (11코) |
| 28단 | 안 1코 늘리기, 안 9, 안 1코 늘리기 | (13코) |
| 29단 | 겉 1코 늘리기, 겉 11, 겉 1코 늘리기 | (15코) |
| 30단 | 안 15 | (15코) |
| 31-34단 | 메리야스 4단 | |
| 35단 | 겉 13, 겉 2코 모아뜨기 | (14코) |
| 36단 | 안 14 | (14코) |
| 37단 | 겉 2코 모아뜨기, 겉 10, 겉 2코 모아뜨기 | (12코) |
| 38단 | 안 12 | (12코) |
| 39단 | 겉 2코 모아뜨기, 겉 10 | (11코) |
| 40단 | 안 11 | (11코) |
| 41단 | 겉 2코 모아뜨기, 겉 9 | (10코) |
| 42단 | 안 10 | (10코) |
| 43단 | 겉 2코 모아뜨기, 겉 6, 겉 2코 모아뜨기 | (8코) |
| 44단 | 안 8 | (8코) |
| 45단 | 겉 2코 모아뜨기, 겉 4, 겉 2코 모아뜨기 | (6코) |
| 46단 | 안 6 | (6코) |
| 47단 | 겉 6 | (6코) |
| 마무리 | 코막기 | |

귀 겉면이 보이게 반으로 접어 세 면의 옆 솔기를 꿰맨다.

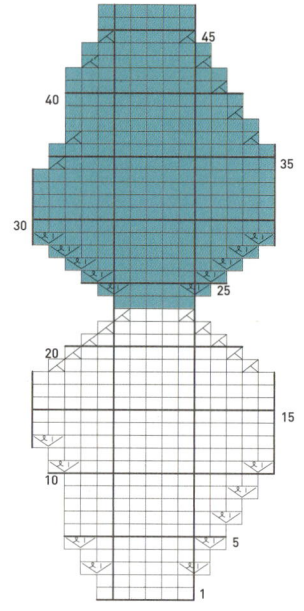

## 귀(오른쪽)

● 해피울 844 아쿠아블루
○ 해피울 801 흰색

| | RS: 겉; WS: 안 |
|---|---|
| ▽ | RS: 겉 1코 늘리기; WS: 안 1코 늘리기 |
| ╱ | RS: 겉 2코 모아뜨기; WS: 안 2코 모아뜨기 |

해피울 844 아쿠아블루 실로 시작코를 잡는다.

| 시작코 | 6코 | |
|---|---|---|
| 1단 | 겉 6 | (6코) |
| 2단 | 안 6 | (6코) |
| 3단 | 겉 1코 늘리기, 겉 4, 겉 1코 늘리기 | (8코) |
| 4단 | 안 8 | (8코) |
| 5단 | 겉 1코 늘리기, 겉 6, 겉 1코 늘리기 | (10코) |
| 6단 | 안 10 | (10코) |
| 7단 | 겉 1코 늘리기, 겉 9 | (11코) |
| 8단 | 안 11 | (11코) |
| 9단 | 겉 1코 늘리기, 겉 10 | (12코) |
| 10단 | 안 12 | (12코) |
| 11단 | 겉 1코 늘리기, 겉 10, 겉 1코 늘리기 | (14코) |
| 12단 | 안 14 | (14코) |
| 13단 | 겉 13, 겉 1코 늘리기 | (15코) |
| 14단 | 안 15 | (15코) |
| 15-18단 | 메리야스 4단 | |
| 19단 | 겉 2코 모아뜨기, 겉 11, 겉 2코 모아뜨기 | (13코) |
| 20단 | 안 2코 모아뜨기, 안 9, 안 2코 모아뜨기 | (11코) |
| 21단 | 겉 2코 모아뜨기, 겉 7, 겉 2코 모아뜨기 | (9코) |
| 22단 | 안 2코 모아뜨기, 안 5, 안 2코 모아뜨기 | (7코) |
| 23단 | 겉 2코 모아뜨기, 겉 3, 겉 2코 모아뜨기 | (5코) |

흰색 실로 바꾼다.

| 24단 | 안 5 | (5코) |
|---|---|---|
| 25단 | 겉 1코 늘리기, 겉 3, 겉 1코 늘리기 | (7코) |
| 26단 | 안 1코 늘리기, 안 5, 안 1코 늘리기 | (9코) |
| 27단 | 겉 1코 늘리기, 겉 7, 겉 1코 늘리기 | (11코) |
| 28단 | 안 1코 늘리기, 안 9, 안 1코 늘리기 | (13코) |
| 29단 | 겉 1코 늘리기, 겉 11, 겉 1코 늘리기 | (15코) |
| 30단 | 안 15 | (15코) |
| 31-34단 | 메리야스 4단 | |
| 35단 | 겉 13, 겉 2코 모아뜨기 | (14코) |
| 36단 | 안 14 | (14코) |
| 37단 | 겉 2코 모아뜨기, 겉 10, 겉 2코 모아뜨기 | (12코) |
| 38단 | 안 12 | (12코) |
| 39단 | 겉 2코 모아뜨기, 겉 10 | (11코) |
| 40단 | 안 11 | (11코) |
| 41단 | 겉 2코 모아뜨기, 겉 9 | (10코) |
| 42단 | 안 10 | (10코) |
| 43단 | 겉 2코 모아뜨기, 겉 6, 겉 2코 모아뜨기 | (8코) |
| 44단 | 안 8 | (8코) |
| 45단 | 겉 2코 모아뜨기, 겉 4, 겉 2코 모아뜨기 | (6코) |
| 46단 | 안 6 | (6코) |
| 47단 | 겉 6 | (6코) |
| 마무리 | 코막기 | |

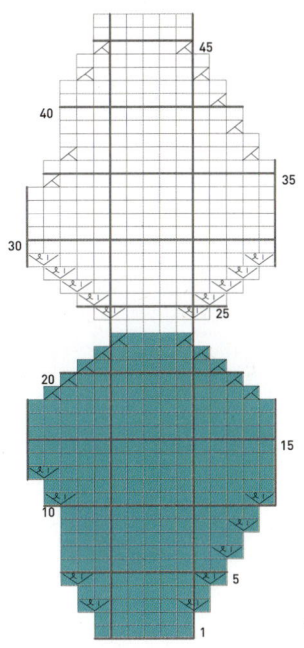

귀 겉면이 보이게 반으로 접어 세 면의 옆 솔기를 꿰맨다.
두 귀를 머리 양쪽에 붙이고 눈을 스티치로 만든다.

## 블랭킷(오른쪽)

오리 블랭킷과 같은 기법으로 뜬다. 도안을 보며 실 색을 바꾼다. 해피울 840 라임 실로 시작코를 잡는다.

| | | |
|---|---|---|
| **시작코** | 80코 | |
| **1-7단** | 겉 80 | (80코) |
| **8단** | 겉 6, 안 68, 겉 6 | (80코) |
| **9단** | 겉 80 | (80코) |
| **10-81단** | 8-9단을 36회 반복 | |
| **82단** | 겉 6, 안 68, 겉 6 | (80코) |
| | 바늘을 하나 더 사용해서 83단부터는 40코씩 반으로 나누어 뜬다. | |
| **83단** | 겉 40 | (40코) |
| **84단** | 겉 6, 안 28, 겉 6 | (40코) |
| **85-162단** | 83-84단 두 단을 39회 반복 | |
| **163-168단** | 겉 40 | (40코) |
| **마무리** | 코막기 | |

해피울 844 아쿠아블루
해피울 840 라임

RS: 겉; WS: 안
RS: 안; WS: 겉

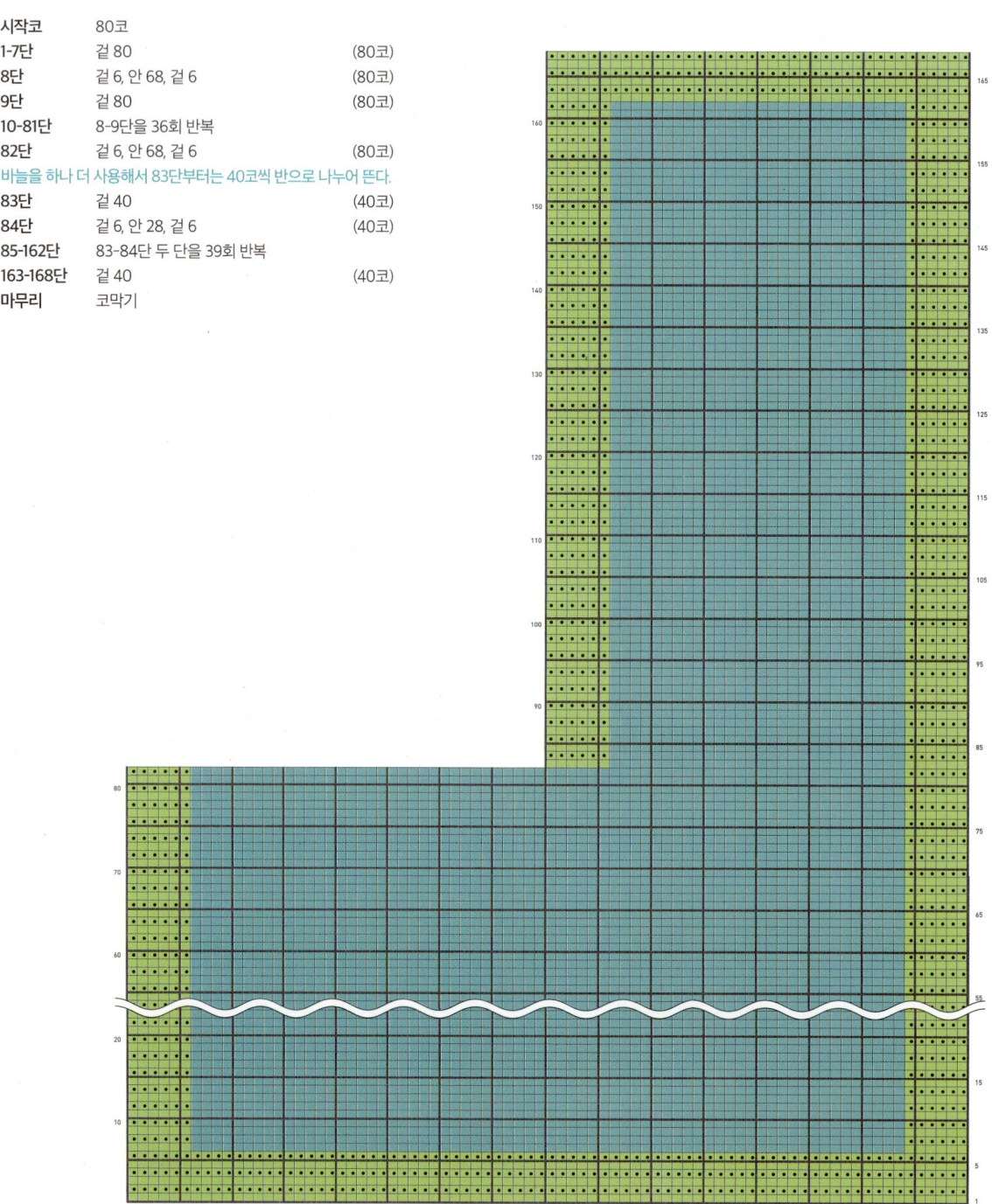

● 해피울 844 아쿠아블루    ☐ RS: 겉; WS: 안
● 해피울 840 라임    ⊙ RS: 안; WS: 겉

## 블랭킷(왼쪽)

도안을 보며 실 색을 바꿔가며 뜬다.

| 83단 | 겉 40 | (40코) |
|------|-------|--------|
| 84단 | 겉 6, 안 28, 겉 6 | (40코) |
| 85-162 | 단83-84단 두 단을 39회 반복 | |
| 163-168단 | 겉 40 | (40코) |
| 마무리 | 코막기 | |

블랭킷에 머리를 붙이고 완성한다.

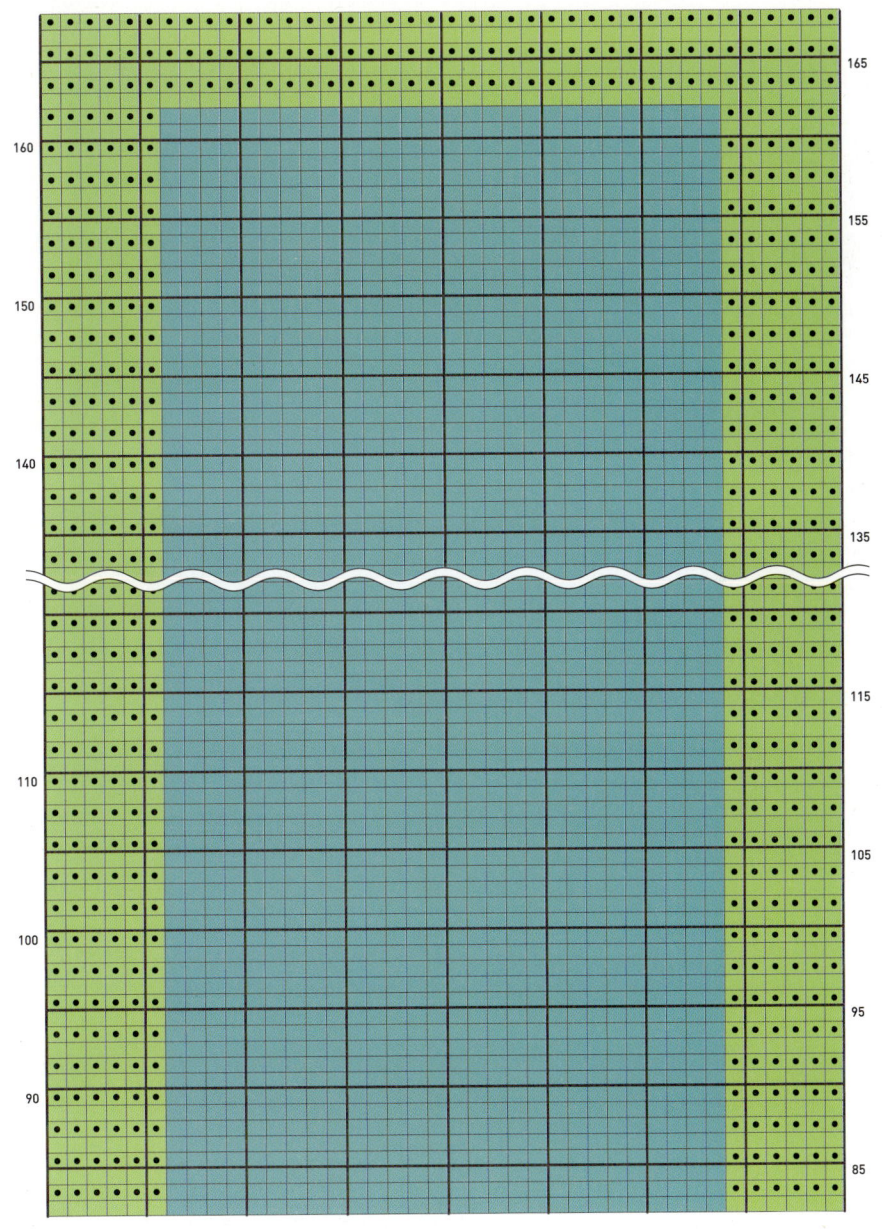

아늑하고 따뜻한

# 반려동물 하우스&미니 카펫

굵은 실을 이용하여 반려동물의 아늑한 집과 폭신폭신한 미니 카펫을 만들어 주세요. 고양이를 닮은 따뜻하고
아늑한 집과 양을 닮은 미니 카펫은 좁은 공간에 아주 잘 어울리는 아이템입니다.

# 반려동물 하우스, 미니 카펫

**사이즈**
**반려동물 하우스** 지름 45 × 높이 20cm
**미니 카펫** 65 × 20cm

**준비물**
**바늘** 3.5mm 줄바늘, 25mm 줄바늘
**실** 모델망고 20mm, 헤라 순모
**반려동물 하우스** 모델망고 20mm 09 코코아 (2타래), 20mm 10 연그레이 (4타래),
헤라 순모 001 백아이보리 (소량), 002 검정 (소량)
**미니 카펫** 모델망고 20mm 01 아이보리 (8타래), 20mm 11 다크그레이 (2타래)

**기타재료** 니트핀, 돗바늘, 단추 2개, 고무호스 3m (두께 2~3cm), 바닥 판

**만들기
순서**

**반려동물 하우스**
01 하우스 몸통을 원통뜨기로 만든다.
02 고무호스로 링을 만들어 하우스 바닥에 고정한다.
03 코잡기 선에 맞춰 실을 끌어올려 코를 각각 잡아 귀를
만든다.
04 바닥을 원통뜨기로 만들어 붙인다.
05 눈을 만들어 붙인 후 눈동자를 스티치 한다.

**미니 카펫**
01 몸통을 만든다.
02 코잡기 선에 맞춰 실을 끌어올려 코를 잡아 머리를 만
든다.
03 머리 부분의 코잡기 선에 맞춰 코를 잡아 귀를 만든다.
04 몸통의 코잡기 선에 맞춰 코를 잡아 앞다리와 뒷다리
를 만든다.
05 몸통의 코잡기 선에 맞춰 코를 잡아 꼬리를 만든다.
06 단추를 눈 위치에 붙인다.
07 단추 사이의 실을 당겨 양의 머리를 입체적으로 만
든다.

바닥 판을 바닥을 붙인다.

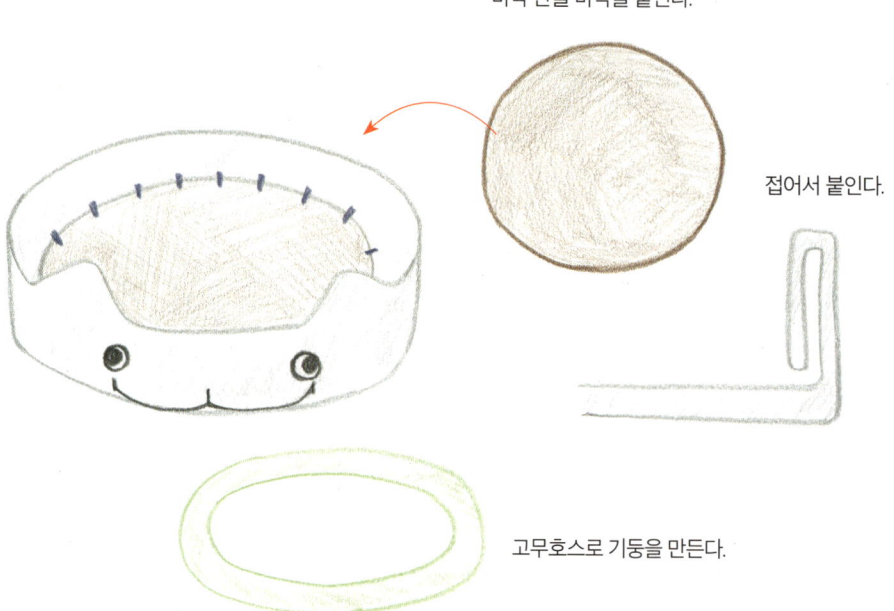

접어서 붙인다.

고무호스로 기둥을 만든다.

# 반려동물 하우스

| | |
|---|---|
| □ | RS: 겉; WS: 안 |
| ⊙ | RS: 안; WS: 겉 |
| ⧄ | RS: 겉 2코 모아뜨기; WS: 안 2코 모아뜨기 |

## 몸통

● 모델망고 20mm 10 연그레이

25mm 줄바늘을 사용하여 모델망고 20mm 10 연그레이 실로 시작한다. 뜨게 기법은 원통뜨기(매직루프)로 한다.

| | | |
|---|---|---|
| 시작코 | 39코 | |
| 1-16단 | 겉 39 | (39코) |
| 17단 | 안 39 | (39코) |
| 18-19단 | 겉 39 | (39코) |
| 20단 | [겉 1, 2코 모아뜨기] 13회 | (26코) |
| 21단 | 겉 26 | (26코) |
| 22단 | 2코 모아뜨기 13 | (13코) |
| 23단 | 겉 13 | (13코) |
| 24단 | 2코 모아뜨기 6, 겉 1 | (7코) |
| 25단 | 겉 7 | (7코) |
| 마무리 | 코모으기로 코를 모아 매듭을 짓고 실을 숨긴다. | |

고무호스 2개를 묶어 바닥에 넣고 고정한다.

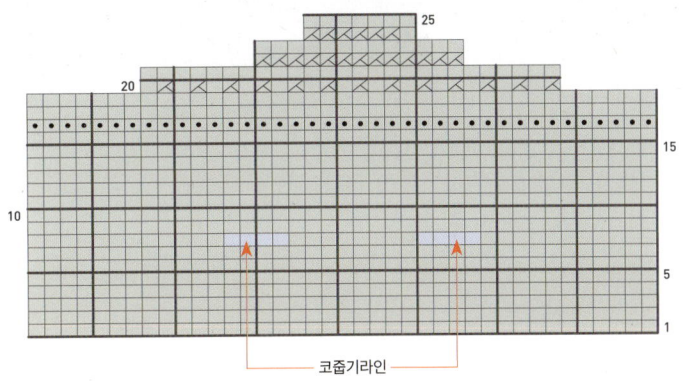

코줍기라인

## Point ① 바닥 고무호스 고정하기

**1** 고무호스를 바닥 둘레 크기로 2개 잘라 묶는다.

**2** 가터뜨기 무늬 부분이 바닥에 닿게 놓고 고무호스를 하우스 바닥 안쪽에 놓는다.

**3** 고무호스와 바닥 판을 모델망고 실로 띄엄띄엄 연결해서 고정한다. 가터뜨기 8단 부분(하우스 높이 중간)에서 반으로 접는다.

| | |
|---|---|
| ☐ | RS: 겉; WS: 안 |
| ☒ | RS: 겉 2코 모아뜨기; WS: 안 2코 모아뜨기 |
| ⧅ | RS: 오른코 줄이기 |
| ▱ | 코줍기 |

## 귀(2장)

◐ 모델망고 20mm 10 연그레이

25mm 줄바늘을 사용하여 모델망고 20mm 10 연그레이 실로 시작한다.

| | | |
|---|---|---|
| 시작코 | 몸통의 코줍기 라인에서 각각 4회 실을 끌어올린다. | |
| 1-2단 | 겉 4 | (4코) |
| 3단 | 2코 모아뜨기, 겉 2 | (3코) |
| 4단 | 2코 모아뜨기, 겉 1 | (2코) |
| 5단 | 오른코 줄이기 | |
| 마무리 | 코모으기로 코를 모아 매듭을 짓고 실을 숨긴다. | |

---

**Point ② 몸통에서 코줍기**

**1** 코줍기 라인에서 4코를 줍는다.　**2** 겉뜨기부터 뜬다.

---

## 바닥

● 모델망고 20mm 09 코코아

| | |
|---|---|
| ☐ | RS: 겉; WS: 안 |
| ☒ | RS: 겉 2코 모아뜨기; WS: 안 2코 모아뜨기 |

25mm 줄바늘을 사용하여 모델망고 20mm 09 코코아 실로 원통뜨기를 한다.

| | | |
|---|---|---|
| 시작코 | 36코 | |
| 1-2단 | 겉 36 | (36코) |
| 3단 | [겉 2, 2코 모아뜨기, 겉 2] 6회 | (30코) |
| 4단 | 겉 30 | (30코) |
| 5단 | [겉 2, 2코 모아뜨기, 겉 1] 6회 | (24코) |
| 6단 | 겉 24 | (24코) |
| 7단 | [겉 1, 2코 모아뜨기, 겉 1] 6회 | (18코) |
| 8단 | 겉 18 | (18코) |
| 9단 | [2코 모아뜨기, 겉 1] 6회 | (12코) |
| 10단 | 2코 모아뜨기 6 | (6코) |
| 마무리 | 코모으기로 코를 모아 매듭을 짓고 실을 숨긴다. | |

바닥에 넣고 붙인다.

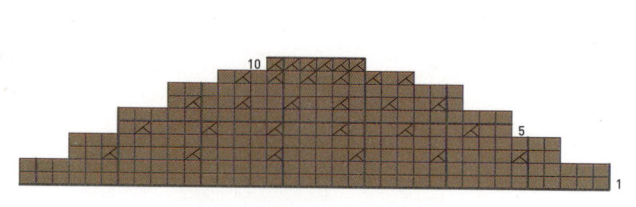

## 눈(2장)

○ 헤라 순모 001 백아이보리
● 헤라 순모 002 검정

☐ RS: 겉; WS: 안
☒ RS: 겉 2코 모아뜨기; WS: 안 2코 모아뜨기

3.5mm 줄바늘을 사용하여 헤라 순모 001 백아이보리 실로 평면뜨기를 한다.

| | | |
|---|---|---|
| **시작코** | 20코 | |
| **1-2단** | 메리야스 2단 | |
| **3단** | [겉 2, 2코 모아뜨기, 겉 1] 4회 | (16코) |
| **4단** | 겉 16 | (16코) |
| **5단** | [겉 1, 2코 모아뜨기, 겉 1] 4회 | (12코) |
| **6단** | 겉 12 | (12코) |
| **7단** | [겉 1, 2코 모아뜨기] 4회 | (8코) |
| **마무리** | 코모으기로 코를 모아 옆 솔기를 꿰매고 솜을 채운다. | |

카드를 눈 크기로 잘라 넣고 눈을 붙인 후, 스티치로 입을 표현한다.

### Point 3  눈 바닥 판 자르기

바닥 판을 잘라 지름 3cm 원형바닥을 2개 만든다.

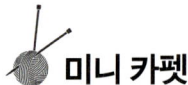
## 미니 카펫

### 몸통

○ 모델 망고 20mm 01 아이보리

▢ RS: 겉; WS: 안
◉ RS: 안; WS: 겉

25mm 줄바늘을 사용하여 모델 망고 20mm 01 아이보리 실로 평면뜨기를 한다. 겉뜨기를 반복하여 가터뜨기를 한다.

**시작코** 26코
**1~61단** 겉 26
**마무리** 코막기를 한 후, 남은 실을 자르고 실 사이로 숨긴다.

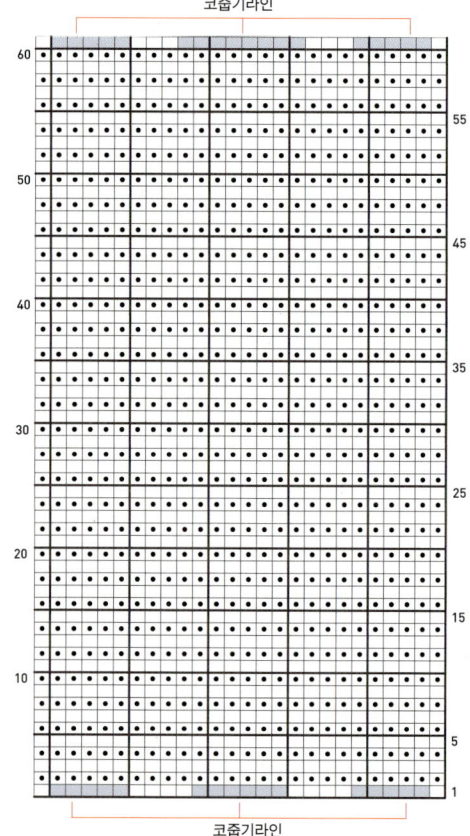

### 귀(2장)

● 모델 망고 20mm 11 다크그레이

▢ RS: 겉; WS: 안
⧄ WS: 오른코 중심 3코 모아뜨기
▣ 코줍기

25mm 줄바늘을 사용하여 모델 망고 20mm 11 다크그레이 실로 시작한다.

**시작코** 머리 양쪽의 코줍기 라인에서 3회 실을 끌어올린다.
**1단** 겉 3 (3코)
**2단** 안 3 (3코)
**3단** 오른코 중심 3코 모아뜨기 (1코)
**마무리** 30cm가량 실을 자르고, 코 사이로 실을 통과시켜
매듭을 짓고 실을 숨긴다.

## 머리

● 모델 망고 20mm 11 다크그레이

25mm 줄바늘을 사용하여 모델 망고 20mm 11 다크그레이 실로 시작한다.

| | | |
|---|---|---|
| **시작코** | 몸통의 코줍기 라인에서 8회 실을 끌어올린다. | |
| **1-4단** | 겉뜨기로 시작하여 메리야스 4단 | |
| **5단** | 2코 모아뜨기, 겉 4, 2코 모아뜨기 | (6코) |
| **6-8단** | 안뜨기로 시작하여 메리야스 3단 | (6코) |
| **9단** | 2코 모아뜨기, 겉 2, 2코 모아뜨기 | (4코) |
| **10단** | 안 4 | (4코) |
| **11단** | 2코 모아뜨기 2 | (2코) |
| **마무리** | 코막기 | |

남은 실은 숨긴다. 머리에 단추로 눈을 달고 실을 당겨 머리를 입체적으로 만든다.

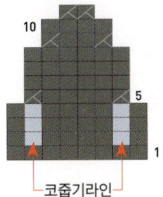

코줍기라인

## 앞다리(2장)

● 모델 망고 20mm 11 다크그레이

25mm 줄바늘을 사용하여 모델 망고 20mm 11 다크그레이 실로 시작한다.

| | | |
|---|---|---|
| **시작코** | 몸통의 코줍기 라인에서 5회 실을 끌어올린다. | |
| **1단** | 겉 5 | (5코) |
| **2단** | 안 5 | (5코) |
| **3단** | 겉 2코 모아뜨기, 겉 1, 겉 2코 모아뜨기 | (3코) |
| **4단** | 안 3 | (3코) |
| **5-8단** | 메리야스 4단 | |
| **9단** | 오른코 중심 3코 모아뜨기 | (1코) |
| **마무리** | 30cm가량 실을 자르고, 코 사이로 실을 통과시켜 매듭을 짓고 실을 숨긴다. | |

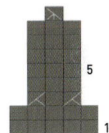

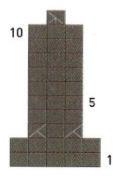

☐ RS: 겉; WS: 안
☒ RS: 겉 2코 모아뜨기; WS: 안 2코 모아뜨기
☒ WS: 오른코 중심 3코 모아뜨기
☐ 코줍기

## 뒷다리(2장)

● 모델 망고 20mm 11 다크그레이

25mm 줄바늘을 사용하여 모델 망고 20mm 11 다크그레이 실로 시작한다.

| 시작코 | 몸통의 코줍기 라인에서 5회 실을 끌어올린다. | |
|---|---|---|
| 1단 | 겉 5 | (5코) |
| 2단 | 안 5 | (5코) |
| 3단 | 2코 모아뜨기, 겉 1, 2코 모아뜨기 | (3코) |
| 4-10단 | 안뜨기에서 시작해서 메리야스 7단 | |
| 11단 | 오른코 중심 3고 모아뜨기 | (1코) |
| 마무리 | 30cm가량 실을 자르고, 코 사이로 실을 통과시켜 매듭을 짓고 실을 숨긴다. | |

☐ RS: 겉; WS: 안
☒ RS: 겉 2코 모아뜨기; WS: 안 2코 모아뜨기
☐ 코줍기

## 꼬리

○ 모델 망고 20mm 01 아이보리

25mm 줄바늘을 사용하여 모델 망고 20mm 01 아이보리 실로 시작한다.

| 시작코 | 몸통의 코줍기 라인에서 6회 실을 끌어올린다. | |
|---|---|---|
| 1-4단 | 메리야스 4단 | |
| 5단 | 2코 모아뜨기, 겉 2, 2코 모아뜨기 | (4코) |
| 마무리 | 코막기 | |

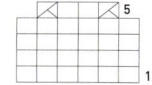

사이좋은 베스트 커플
# 낭만 고양이와 낭만 토끼

따뜻함은 서로가 나누는 정에서 시작됩니다. 어울리지 않을 듯 어울리는 낭만 고양이와 낭만 토끼는 서로 다르지만 긴 팔과 긴 귀처럼 서로의 공통점을 찾아 따뜻함을 나누며 닮아갑니다. 우리 아이가 정을 나누며 따뜻함 마음을 가지도록 도와줄 친구들입니다.

# 낭만 고양이와 낭만 토끼

**사이즈**  48cm

**준비물**
**바늘** 3.5mm 줄바늘
**실** 헤라 순모, 로제스타 200
**낭만 토끼**  헤라 순모 001 백아이보리, 로제스타 200 04 연환타
**낭만 고양이**  헤라 순모 001 백아이보리, 016 연보라

**기타재료**  구름솜, 겹자, 니트핀, 돗바늘, 와이어, PVC 테이프

**만들기 순서**

**낭만 고양이**
01 다리와 몸통의 옆 솔기를 꿰맨 후, 솜을 넣는다.
02 머리에 귀를 붙인다.
03 양팔에 솜과 와이어를 넣고 몸통에 붙인다.
04 꼬리에 솜과 와이어를 넣고 붙인다.
05 얼굴은 스티치로 마무리한다.

**낭만 토끼**
01 다리와 몸통의 옆 솔기를 꿰맨 후, 솜을 넣는다.
02 귀에 솜과 와이어를 넣고 머리에 붙인다.
03 양팔에 솜과 와이어를 넣고 몸통에 붙인다.
04 얼굴은 스티치로 마무리한다.
다리, 몸통, 머리는 공통 도안이다.

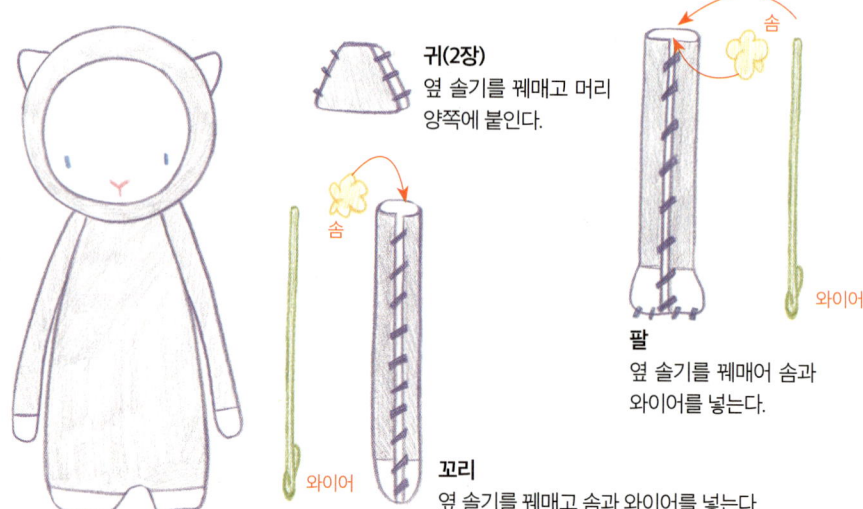

**귀(2장)**
옆 솔기를 꿰매고 머리
양쪽에 붙인다.

솜

솜

와이어

**팔**
옆 솔기를 꿰매어 솜과
와이어를 넣는다.

와이어

**꼬리**
옆 솔기를 꿰매고 솜과 와이어를 넣는다.

**머리(공통)**
솜을 넣으며 옆 솔기를
꿰맨다.

**몸통(공통)**
솜을 넣으며 옆 솔기를
꿰맨다.

**팔(2장)**
옆 솔기를 꿰매고 와이어와 솜을 넣는다.

**귀(2장)**
옆 솔기를 꿰매고 머리 양쪽에 붙인다.

 **낭만 토끼**

## 다리(2장)

| ○ 헤라 순모 001 백아이보리 | □ RS: 겉; WS: 안 |

- ○ 헤라 순모 001 백아이보리
- ● 로제스타 200 04 연환타
- □ RS: 겉; WS: 안
- ⟱ RS: 겉 1코 늘리기; WS: 안 1코 늘리기

헤라 순모 001 백아이보리 실로 시작코를 잡는다. 도안을 보며 실 색을 바꾼다.

| | | |
|---|---|---|
| 시작코 | 8코 | |
| 1단 | 겉 8 | (8코) |
| 2단 | 안 8 | (8코) |
| 3단 | 겉 1코 늘리기 8 | (16코) |
| 4단 | 안 16 | (16코) |
| 5단 | [겉 1, 겉 1코 늘리기] 8회 | (24코) |
| 6단 | 안 24 | (24코) |
| 7단 | [겉 1, 겉 1코 늘리기, 겉 1] 8회 | (32코) |
| 8단 | 안 32 | (32코) |
| 9-14단 | 메리야스 6단 | |
| 연환타 실로 바꾼다. | | |
| 15-20단 | 메리야스 6단 | |
| 마무리 | 코막기를 하지 않고, 실을 30cm가량 남긴 후 자른다. | |

바늘에 편물을 걸어 놓은 상태에서 왼쪽 다리를 시작한 바늘에 시작코를 10코 잡고 오른쪽 다리를 하나 더 만든다.

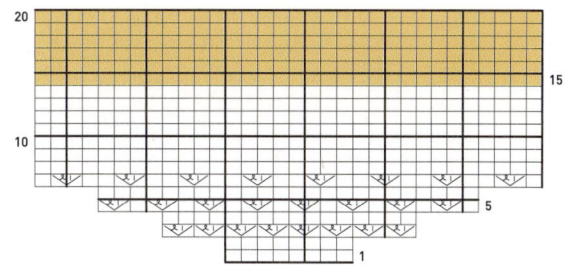

## 몸통

- ● 로제스타 200 04 연환타

- □ RS: 겉; WS: 안
- ⟱ RS: 겉 1코 늘리기; WS: 안 1코 늘리기
- ◩ RS: 겉 2코 모아뜨기; WS: 안 2코 모아뜨기
- ◪ RS: 오른코 줄이기

뒷다리 2장을 바늘에 걸어 놓은 상태에서 몸통을 뜨기 시작한다.

| | | |
|---|---|---|
| 21단 | 겉 30, 겉 2코 모아뜨기, 오른코 줄이기, 겉 30 | (62코) |
| 22단 | 안 62 | (62코) |
| 23-62단 | 메리야스 40단 | |
| 63단 | [겉 3, 겉 2코 모아뜨기, 겉 1] 10회, 겉 2 | (52코) |
| 64단 | 안 52 | (52코) |
| 65-68단 | 메리야스 4단 | |
| 69단 | [겉 3, 겉 2코 모아뜨기] 10회, 겉 2 | (42코) |
| 70단 | 안 42 | (42코) |
| 71-98단 | 메리야스 28단 | |
| 99단 | [겉 2, 겉 2코 모아뜨기] 10회, 겉 2 | (32코) |
| 100단 | 안 32 | (32코) |
| 101단 | 겉 2, [겉 2코 모아뜨기, 겉 1] 10회 | (22코) |
| 102단 | 안 22 | (22코) |
| 마무리 | 코막기 | |

양쪽 다리 옆 솔기부터 몸통 끝 선까지 꿰맨다. 겸자를 사용해 솜을 넣는다.

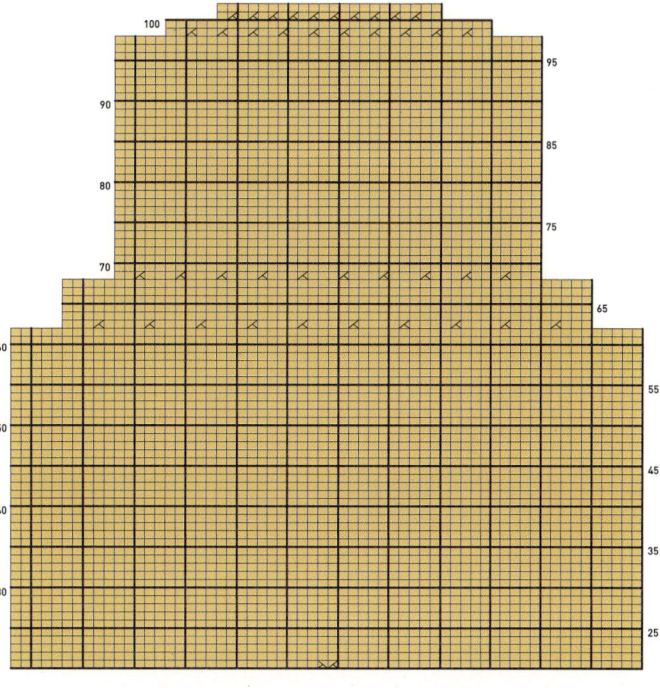

○ 헤라 순모 001 백아이보리
● 로제스타 200 04 연환타

| | RS: 겉; WS: 안 |
| --- | --- |
| | RS: 겉 1코 늘리기; WS: 안 1코 늘리기 |
| | RS: 겉 2코 모아뜨기; WS: 안 2코 모아뜨기 |

## 머리

로제스타 200 04 연환타 실로 시작코를 잡는다. 도안을 보며 실 색을 바꾼다.

| 시작코 | 12코 | |
| --- | --- | --- |
| 1단 | 겉 12 | (12코) |
| 2단 | 안 12 | (12코) |
| 3단 | 겉 1코 늘리기 12 | (24코) |
| 4단 | 안 24 | (24코) |
| 5단 | [겉 1, 겉 1코 늘리기] 12회 | (36코) |
| 6단 | 안 36 | (36코) |
| 7단 | 겉 36 | (36코) |
| 8단 | 안 36 | (36코) |
| 9단 | [겉 1, 겉 1코 늘리기, 겉 1] 12회 | (48코) |
| 10단 | 안 48 | (48코) |
| 11단 | 겉 48 | (48코) |
| 12단 | 안 48 | (48코) |
| 13단 | [겉 2, 겉 1코 늘리기, 겉 1] 12회 | (60코) |
| 14단 | 안 60 | (60코) |
| 15단 | 겉 60 | (60코) |
| 16단 | 안 60 | (60코) |
| 17단 | [겉 2, 겉 1코 늘리기, 겉 2] 12회 | (72코) |
| 18단 | 안 72 | (72코) |
| 19-22단 | 메리야스 4단 | |
| 23단 | [겉 3, 겉 1코 늘리기, 겉 2] 12회 | (84코) |
| 24단 | 안 84 | (84코) |
| 25-28단 | 메리야스 4단 | |
| 29단 | [겉 3, 겉 1코 늘리기, 겉 3] 12회 | (96코) |
| 30단 | 안 96 | (96코) |
| 31-36단 | 메리야스 6단 | |
| 37단 | [겉 3, 겉 2코 모아뜨기, 겉 3] 12회 | (84코) |

| 38단 | 안 84 | (84코) |
| --- | --- | --- |

백아이보리 실로 바꾼다.

| 39-42단 | 메리야스 4단 | |
| --- | --- | --- |
| 43단 | [겉3, 겉 2코 모아뜨기, 겉 2] 12회 | (72코) |
| 44단 | 안 72 | (72코) |
| 45단 | 겉 72 | (72코) |
| 46단 | 안 72 | (72코) |
| 47단 | 겉 20, 겉 2코 모아뜨기 16, 겉 20 | (56코) |
| 48단 | 안 56 | (56코) |
| 49단 | [겉3, 겉 2코 모아뜨기, 겉 2] 8회 | (48코) |
| 50단 | 안 48 | (48코) |
| 51단 | [겉 2, 겉 2코 모아뜨기, 겉 2] 8회 | (40코) |
| 52단 | 안 40 | (40코) |
| 53단 | [겉 2, 겉 2코 모아뜨기, 겉 1] 8회 | (32코) |
| 54단 | 안 32 | (32코) |
| 55단 | 겉 24 | (24코) |
| 56단 | [안 1, 안 2코 모아뜨기, 안 1] 8회 | (24코) |
| 57단 | 겉 24 | (24코) |
| 58단 | [안 2코 모아뜨기, 안 1] 8회 | (16코) |
| 59단 | 겉 16 | (16코) |
| 60단 | 안 2코 모아뜨기 8 | (8코) |
| 마무리실 | 을 잘라 코모으기를 하고 옆 솔기를 꿰맨다. | |

솜을 채운 후, 시작단에 생긴 구멍을 막고 몸통에 붙인다.

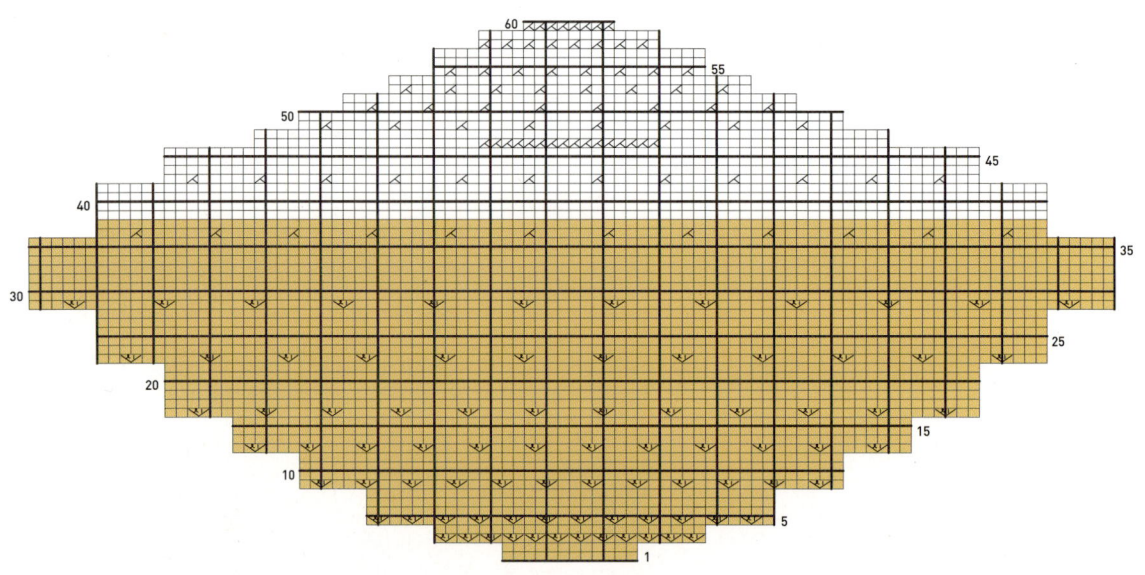

154

## 팔(2장)

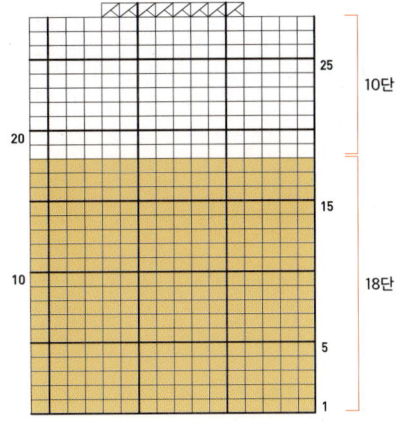

○ 헤라 순모 001 백아이보리  ☐ RS: 겉; WS: 안
● 로제스타 200 04 연환타  ☒ RS: 겉 2코 모아뜨기; WS: 안 2코 모아뜨기

로제스타 200 04 연환타 실로 시작코를 잡는다.

| 시작코 | 16코 | |
| --- | --- | --- |
| 1단 | 겉 16 | (16코) |
| 2단 | 안 16 | (16코) |
| 3-18단 | 메리야스 16단 | |

백아이보리 실로 바꾼다.

| 19-28단 | 메리야스 10단 | |
| --- | --- | --- |
| 29단 | 겉 2코 모아뜨기 8 | (8코) |
| 마무리 | 실을 잘라 코모으기를 하고 옆 솔기를 꿰맨다. | |

와이어와 솜을 1/2 정도 넣고 몸통에 붙인다.

## 귀(2장)

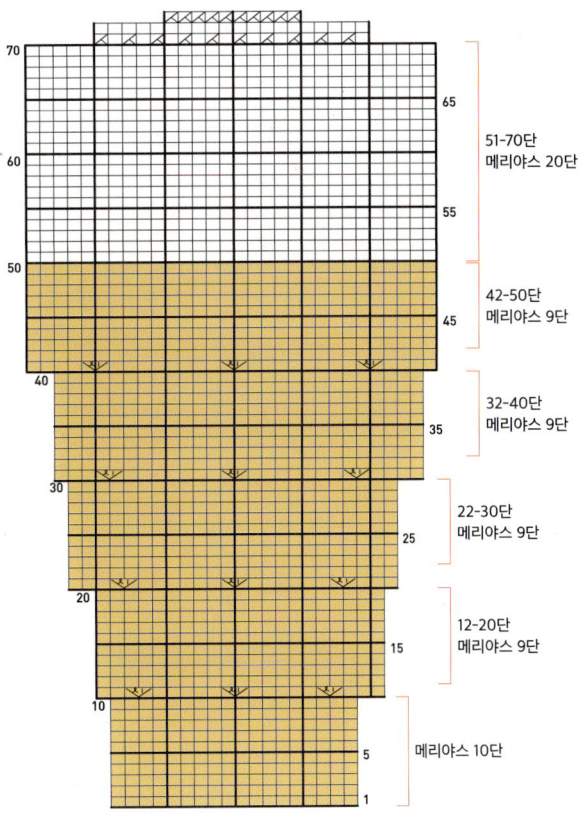

○ 헤라 순모 001 백아이보리  ☐ RS: 겉; WS: 안
● 로제스타 200 04 연환타  ☒ RS: 겉 1코 늘리기; WS: 안 1코 늘리기
  ☒ RS: 겉 2코 모아뜨기; WS: 안 2코 모아뜨기

로제스타 200 04 연환타 실로 시작코를 잡는다.

| 시작코 | 18코 | |
| --- | --- | --- |
| 1단 | 겉 18 | (18코) |
| 2단 | 안 18 | (18코) |
| 3-10단 | 메리야스 8단 | |
| 11단 | [겉 3, 겉 1코 늘리기, 겉 2] 3회 | (21코) |
| 12단 | 안 21 | (21코) |
| 13-20단 | 메리야스 8단 | |
| 21단 | [겉3, 겉 1코 늘리기, 겉3] 3회 | (24코) |
| 22단 | 안 24 | (24코) |
| 23단 | 겉 24 | (24코) |
| 23-30단 | 메리야스 8단 | |
| 30단 | 안 24 | (24코) |
| 31단 | [겉 4, 겉 1코 늘리기, 겉 3] 3회 | (27코) |
| 32단 | 안 27 | (27코) |
| 33-40단 | 메리야스 8단 | |
| 41단 | [겉 4, 겉 1코 늘리기, 겉 4] 3회 | (30코) |
| 42단 | 안 30 | (30코) |
| 43-50단 | 메리야스 8단 | |

백아이보리 실로 바꾼다.

| 51-70단 | 메리야스 20단 | |
| --- | --- | --- |
| 71단 | [겉 1, 겉 2코 모아뜨기] 10회 | (20코) |
| 72단 | 안 20 | (20코) |
| 73단 | 겉 2코 모아뜨기 10 | (10코) |
| 마무리 | 실을 잘라 코모으기를 하고 옆 솔기를 꿰맨다. | |

귀를 붙일 머리 부분에 와이어를 끼우고, 와이어를 귀에 넣고 머리에 붙인다.

# 낭만 고양이

## 다리(2장)

○ 헤라 순모 001 백아이보리
● 헤라 순모 016 연보라

□ RS: 겉; WS: 안
▽ RS: 겉 1코 늘리기; WS: 안 1코 늘리기

헤라 순모 001 백아이보리 실로 시작코를 잡는다.

| 시작코 | 8코 | |
|---|---|---|
| 1단 | 겉 8 | (8코) |
| 2단 | 안 8 | (8코) |
| 3단 | 겉 1코 늘리기 8 | (16코) |
| 4단 | 안 16 | (16코) |
| 5단 | [겉 1, 겉 1코 늘리기] 8회 | (24코) |
| 6단 | 안 24 | (24코) |
| 7단 | [겉 1, 겉 1코 늘리기, 겉 1] 8회 | (32코) |
| 8단 | 안 32 | (32코) |
| 9-14단 | 메리야스 6단 | |

연보라 실로 바꾼다.

| 15-20단 | 메리야스 6단 |
|---|---|
| 마무리 | 코막기를 하지 않고, 실을 30cm가량 남긴 후 자른다. |

바늘에 편물을 걸어 놓은 상태에서 왼쪽 다리를 시작한 바늘에 시작코를 10코 잡고 오른쪽 다리를 하나 더 만든다.

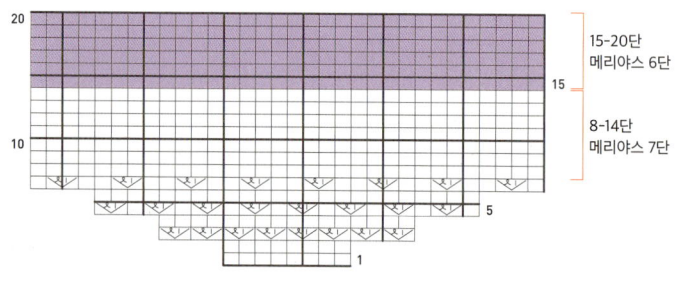

15-20단 메리야스 6단

8-14단 메리야스 7단

## 몸통

● 헤라 순모 016 연보라

□ RS: 겉; WS: 안
▽ RS: 겉 1코 늘리기; WS: 안 1코 늘리기
⊠ RS: 오른코 줄이기

뒷다리 2장을 바늘에 걸어 놓은 상태에서 몸통을 뜨기 시작한다.

| 21단 | 겉 30, 겉 2코 모아뜨기, 오른코 줄이기, 겉 30 | (62코) |
|---|---|---|
| 22단 | 안 62 | (62코) |
| 23-62단 | 메리야스 40단 | |
| 63단 | [겉 3, 겉 2코 모아뜨기, 겉 1] 10회, 겉 2 | (52코) |
| 64단 | 안 52 | (52코) |
| 65-68단 | 메리야스 4단 | |
| 69단 | [겉 3, 겉 2코 모아뜨기] 10회, 겉 2 | (42코) |
| 70단 | 안 42 | (42코) |
| 71-98단 | 메리야스 28단 | |
| 99단 | [겉 2, 겉 2코 모아뜨기] 10회, 겉 2 | (32코) |
| 100단 | 안 32 | (32코) |
| 101단 | 겉 2, [겉 2코 모아뜨기, 겉 1] 10회 | (22코) |
| 102단 | 안 22 | (22코) |
| 마무리 | 코막기 | |

양쪽 다리 옆 솔기부터 몸통 끝 선까지 꿰맨다. 겸자를 사용해 솜을 넣는다.

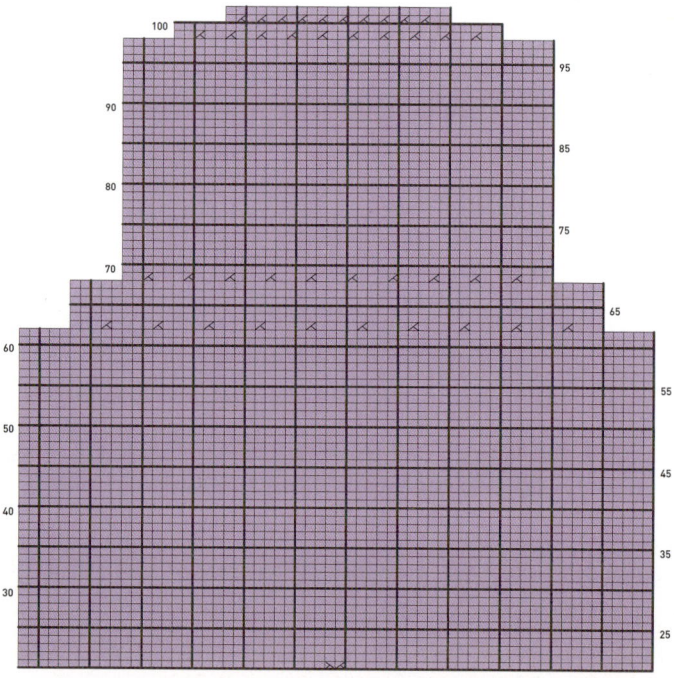

○ 헤라 순모 001 백아이보리
● 헤라 순모 016 연보라

☐ RS: 겉; WS: 안
RS: 겉 1코 늘리기; WS: 안 1코 늘리기
RS: 겉 2코 모아뜨기; WS: 안 2코 모아뜨기

## 머리

헤라 순모 016 연보라 실로 시작코를 잡는다.

| 시작코 | 12코 | |
|---|---|---|
| 1단 | 겉 12 | (12코) |
| 2단 | 안 12 | (12코) |
| 3단 | 겉 1코 늘리기 12 | (24코) |
| 4단 | 안 24 | (24코) |
| 5단 | [겉 1, 겉 1코 늘리기] 12회 | (36코) |
| 6단 | 안 36 | (36코) |
| 7단 | 겉 36 | (36코) |
| 8단 | 안 36 | (36코) |
| 9단 | [겉 1, 겉 1코 늘리기, 겉 1] 12회 | (48코) |
| 10단 | 안 48 | (48코) |
| 11단 | 겉 48 | (48코) |
| 12단 | 안 48 | (48코) |
| 13단 | [겉 2, 겉 1코 늘리기, 겉 1] 12회 | (60코) |
| 14단 | 안 60 | (60코) |
| 15단 | 겉 60 | (60코) |
| 16단 | 안 60 | (60코) |
| 17단 | [겉 2, 겉 1코 늘리기, 겉 2] 12회 | (72코) |
| 18단 | 안 72 | (72코) |
| 19-22단 | 메리야스 4단 | |
| 23단 | [겉 3, 겉 1코 늘리기, 겉 2] 12회 | (84코) |
| 24단 | 안 84 | (84코) |
| 25-28단 | 메리야스 4단 | |
| 29단 | [겉 3, 겉 1코 늘리기, 겉 3] 12회 | (96코) |
| 30단 | 안 96 | (96코) |
| 31-36단 | 메리야스 6단 | |
| 37단 | [겉 3, 겉 2코 모아뜨기, 겉 3] 12회 | (84코) |

| 38단 | 안 84 | (84코) |
|---|---|---|

백아이보리 실로 바꾼다.

| 39-42단 | 메리야스 4단 | |
|---|---|---|
| 43단 | [겉3, 겉 2코 모아뜨기, 겉 2] 12회 | (72코) |
| 44단 | 안 72 | (72코) |
| 45단 | 겉 72 | (72코) |
| 46단 | 안 72 | (72코) |
| 47단 | 겉 20, 겉 2코 모아뜨기 16, 겉 20 | (56코) |
| 48단 | 안 56 | (56코) |
| 49단 | [겉3, 겉 2코 모아뜨기, 겉 2] 8회 | (48코) |
| 50단 | 안 48 | (48코) |
| 51단 | [겉 2, 겉 2코 모아뜨기, 겉 2] 8회 | (40코) |
| 52단 | 안 40 | (40코) |
| 53단 | [겉 2, 겉 2코 모아뜨기, 겉 1] 8회 | (32코) |
| 54단 | 안 32 | (32코) |
| 55단 | 겉 24 | (24코) |
| 56단 | [안 1, 안 2코 모아뜨기, 안 1] 8회 | (24코) |
| 57단 | 겉 24 | (24코) |
| 58단 | [안 2코 모아뜨기, 안 1] 8회 | (16코) |
| 59단 | 겉 16 | (16코) |
| 60단 | 안 2코 모아뜨기 8 | (8코) |
| 마무리 | 실을 잘라 코모으기를 하고 옆 솔기를 꿰맨다. | |

솜을 채운 후, 시작단에 생긴 구멍을 막고 몸통에 붙인다.

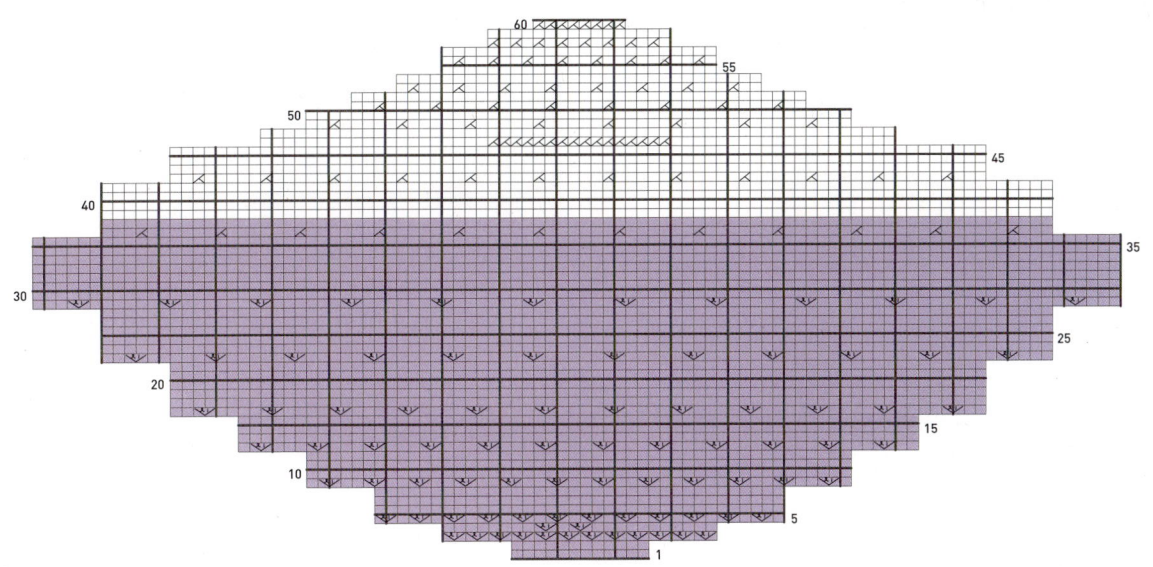

## 팔(2장)

헤라 순모 016 연보라 실로 시작코를 잡는다.

| | | |
|---|---|---|
| **시작코** | 16코 | |
| **1단** | 겉 16 | (16코) |
| **2단** | 안 16 | (16코) |
| **3-70단** | 메리야스 68단 | |

백아이보리으로 실을 바꾼다.

| | | |
|---|---|---|
| **71단** | 겉 2, 겉 1코 늘리기 3, 겉 1, 겉 1코 늘리기 4, 겉 1코 늘리기 3, 겉 2 | (26코) |
| **72단** | 안 26 | (26코) |
| **73단** | 겉 26 | (26코) |
| **74단** | 안 26 | (26코) |
| **75단** | 겉 2코 모아뜨기 13 | (13코) |
| **76단** | 안 13 | (13코) |
| **마무리** | 코막기 후 'T'자로 꿰맨다. | |

솜을 넣고 실을 당겨 손가락 모양을 잡는다.
팔을 붙일 몸통 부분에 와이어를 끼우고, 와이어를 팔에 넣고 몸통에 붙인다.

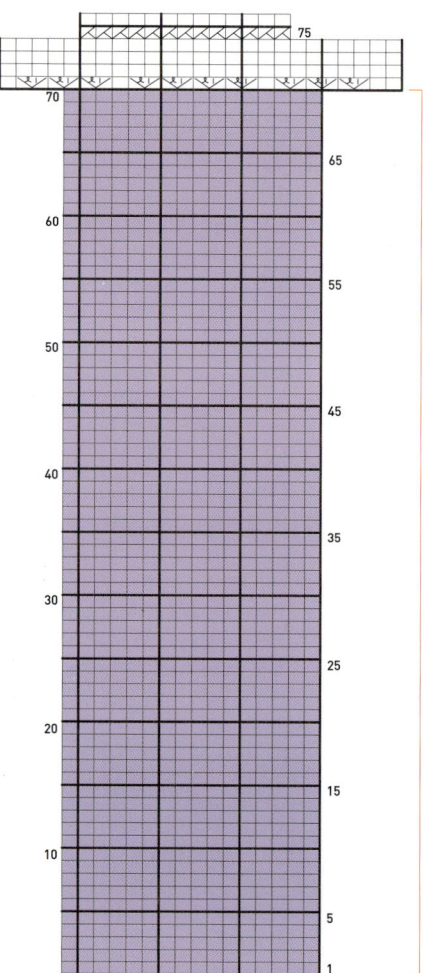

1-70단
메리야스 70단

○ 헤라 순모 001 백아이보리
● 헤라 순모 016 연보라

| | RS: 겉; WS: 안 |
|---|---|
| | RS: 겉 1코 늘리기; WS: 안 1코 늘리기 |
| | RS: 겉 2코 모아뜨기; WS: 안 2코 모아뜨기 |

## 귀(2장)

헤라 순모 016 연보라 실로 시작코를 잡는다.

| 시작코 | 5코 | |
|---|---|---|
| 1단 | 겉 15 | (15코) |
| 2단 | 안 15 | (15코) |
| 3단 | 겉 2코 모아뜨기, 겉 13 | (14코) |
| 4단 | 안 2코 모아뜨기, 안 12 | (13코) |
| 5단 | 겉 2코 모아뜨기, 겉 11 | (12코) |
| 6단 | 안 2코 모아뜨기, 안 10 | (11코) |
| 7단 | 겉 2코 모아뜨기, 겉 9 | (10코) |
| 8단 | 안 2코 모아뜨기, 안 8 | (9코) |
| 9단 | 겉 2코 모아뜨기, 겉 7 | (8코) |
| 10단 | 안 2코 모아뜨기, 안 6 | (7코) |
| 11단 | 겉 2코 모아뜨기, 겉 5 | (6코) |
| 12단 | 안 2코 모아뜨기, 안 4 | (5코) |
| 13단 | 겉 5 | (5코) |

백아이보리 실로 바꾼다.

| 14단 | 안 5 | (5코) |
|---|---|---|
| 15단 | 겉 1코 늘리기, 겉 4 | (6코) |
| 16단 | 안 1코 늘리기, 안 5 | (7코) |
| 17단 | 겉 1코 늘리기, 겉 6 | (8코) |
| 18단 | 안 1코 늘리기, 안 7 | (9코) |
| 19단 | 겉 1코 늘리기, 겉 8 | (10코) |

| 20단 | 안 1코 늘리기, 안 9 | (11코) |
|---|---|---|
| 21단 | 겉 1코 늘리기, 겉 10 | (12코) |
| 22단 | 안 1코 늘리기, 안 11 | (13코) |
| 23단 | 겉 1코 늘리기, 겉 12 | (14코) |
| 24단 | 안 1코 늘리기, 안 13 | (15코) |
| 25단 | 겉 15 | (15코) |
| 26단 | 안 15 | (15코) |
| 마무리 | 코막기 | |

옆 솔기를 꿰매고 얼굴에 붙인다.

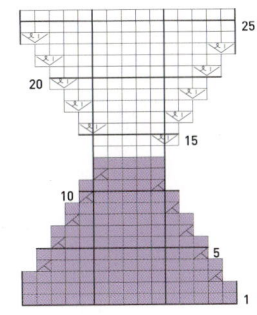

○ 헤라 순모 001 백아이보리
● 헤라 순모 016 연보라

| | RS: 겉; WS: 안 |
|---|---|
| | RS: 겉 2코 모아뜨기; WS: 안 2코 모아뜨기 |

## 꼬리

헤라 순모 016 연보라 실로 시작코를 잡는다.

| 시작코 | 20코 | |
|---|---|---|
| 1단 | 겉 20 | (20코) |
| 2단 | 안 20 | (20코) |
| 3-38단 | 메리야스 36단 | |

백아이보리 실로 바꾼다.

| 39-60단 | 메리야스 22단 | |
|---|---|---|
| 61단 | 겉 2코 모아뜨기 10 | (10코) |
| 62단 | 안 10 | (10코) |
| 마무리 | 실을 잘라 코모으기를 해서 옆 솔기를 꿰맨다. | |

솜과 와이어를 넣고 엉덩이에 붙인다.

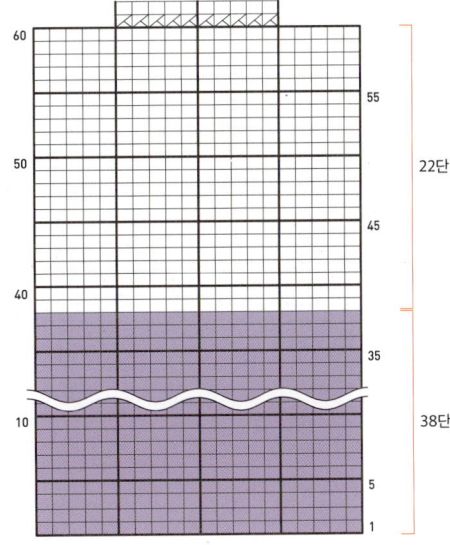